EXÁMENES DE CONTROL Y CONFIANZA

Verdades y mentiras

AUTOR:
LIC. PSIC. JUAN CARLOS MARTÍNEZ BERNAL

Exámenes de Control y Confianza. Verdades y mentiras. Segunda edición.
Publicación independiente.
Derechos reservados.
Juan Carlos Martínez Bernal.
México, mayo de 2020.

Contenido

PRÓLOGO PARA LA SEGUNDA EDICIÓN

En mayo 2020 ¿cómo veo y qué opino de los Exámenes de Control y Confianza?

He seguido entrevistando a personas que acuden a dichos exámenes, además de interactuar con algunos que me visitan en mi Blog para abordar este tema, y desde la segunda mitad de 2019 hasta mayo 2020 me he encontrado con las siguientes "novedades":

1.- Salió publicada una noticia donde en la Suprema Corte de Justicia de México negaban el amparo a una persona que exigía se revirtieran los resultados de los exámenes de control y confianza que eran adversos para él.

2.- Sé de casos donde custodios han logrado anular un resultado de este tipo de exámenes. La clave fue asesorarse con un abogado y demostrar las irregularidades que hubo, por ejemplo, tardanza en recibir el resultado.

3.- Los investigadores de los Centros de Control y Confianza ya se están poniendo a trabajar más. Ya revisan la información que subes a tus redes sociales, principalmente la que tengas en Facebook.

4.-También, estos investigadores suelen acudir a preguntarle a tus vecinos sobre ti.

5.- En cuanto a los "malos tratos" de parte de los entrevistadores, esto ha disminuido poco, según lo que percibo en los que me platican sus experiencias.

6.- Hasta el momento, no se ha encontrado otro mecanismo más eficiente que estos exámenes. Es decir, tendrán sus imperfecciones los papeles y las personas que te los aplican, sin embargo, es lo que hay en este momento y parece que se quedarán para muchos años.

7.-Este libro sigue siendo la mejor referencia y libro de consulta obligada para los que hacen este tipo de exámenes, aún no existe otro libro que lo supere.

Y una recomendación para quien realizará estos exámenes: no confrontes a los entrevistadores, no te conviene discutir con quien te va a evaluar. Se vale que de manera respetuosa les digas que no estás de acuerdo en alguna apreciación que tú sabes que no es verdad.

INTRODUCCIÓN

Desde el año 2003 a la fecha, he venido escribiendo artículos divulgativos en diversos foros de Internet, entre los que sobresalen Mundogestalt.com (web que transformó su nombre y contenido en el año 2009) y mi Blog personal https://bernal27.blogspot.com donde escribo diversas colaboraciones desde el año 2010.

En la primera página web, el artículo que tuvo más leídas en esa plataforma fue el artículo escrito por mí en 2003: "Detección de mentiras en el paciente", con más de 60 mil leídas. Incluso, me dieron un reconocimiento por 14 artículos divulgativos que escribí en Mundogestalt.

En mi Blog, el artículo divulgativo que ha tenido más leídas (155 mil hasta el momento) es el que denominé "Exámenes de Control y Confianza", donde he recibido comentarios escritos con felicitaciones por la utilidad que ha representado para los que lo han leído y puesto en práctica lo que ahí se menciona.

Además, en este libro ofrezco una 'Guía de Entrevista-Sesión psicológica', con utilidad sobre todo para los entrevistadores psicólogos, aunque los elementos se pueden adaptar parcialmente para entrevistadores o terapeutas de otras profesiones o servicios.

1.-EXÁMENES DE CONTROL Y CONFIANZA

Publicado originalmente el 27-septiembre-2013 en https://bernal27.blogspot.com/2013/09/examenes-de-control-y-confianza.html y actualizado en julio 2019.

Los llamados Exámenes de Control y Confianza son instrumentos que, en la República Mexicana, desde finales del siglo pasado están utilizando instancias gubernamentales y algunas empresas transnacionales para contratar personal, además de que desde hace unos pocos años (2010) también los están usando como filtros para la contratación, permanencia o la baja de agentes de corporaciones de seguridad pública y de diversos funcionarios de los gobiernos federal, estatal y municipal.

Dichos exámenes consisten en un estudio socioeconómico y una batería de pruebas psicométricas, físicas, toxicológicas, y poligráficas o de detección de mentiras.

OBSERVACIÓN CONSTANTE

Antes que nada, el aspirante es observado desde que llega al lugar donde fue citado (una Institución o una casa acondicionada para los exámenes). Observado constantemente por las miradas físicas de trabajadores que están en ese lugar (a veces camuflados como personas que casualmente están por ahí), y también por cámaras de video que están colocadas en lugares estratégicos para vigilarte dentro y fuera del recinto. Y no te extrañes que hasta en el baño haya alguna, porque en ese lugar algunos aprovechan para drogarse, fumar, consumir pastillas, masturbarse, hacer gestos insultantes, esconder algún papel, entre otras cosas, así que cuidado con lo que haces ahí. Investigarán lo que consumas de alimentos, si te fumas algún cigarro o consumes alguna pastilla, aunque tú creas que nadie te ve, si toleras frustraciones al esperar muchos minutos en 'tiempos muertos', y cuando según ellos te dejan solo en una habitación.

RECOLECCIÓN DE DATOS Y FIRMA DEL CONTRATO

Te preguntarán datos generales para armar tus antecedentes y corroborarlos con los documentos que previamente les diste. Luego, te darán un documento que fungirá como contrato donde constará que, si lo firmas, estarás autorizándoles a que te hagan esos exámenes de control y confianza, con la libertad de negarte a realizarlos en cualquier momento. Sí, se está entre la espada y la pared, porque si necesitas ingresar o permanecer en el trabajo de tu interés entonces, aunque no estuvieras de acuerdo en esos exámenes pues al firmar estás legalmente aceptando su procedimiento y resultado.

ESTUDIO SOCIOECONÓMICO

Se trata de preguntas referentes a conocer las condiciones sociales, familiares, de pareja, personales y económicas del aspirante. Información que será tomada en cuenta en entrevistas psicológicas y tal vez en el test poligráfico, para detectar incongruencias o aspectos de su personalidad que serán relevantes para ir definiendo su perfil de esta. Últimamente están acudiendo a tomar fotografías del lugar donde radica el evaluado.

ENTREVISTA PSICOLÓGICA

No es una entrevista común. No es un encuentro para hacer amigos. En cierta manera hay un trato que va de lo tibio a lo frío. Unos custodios me decían que les recordaba el trato que ellos dan en algunos momentos a los presuntos delincuentes. Es una entrevista de presión, dura, incisiva, un combate entre dos, el que intenta indagar y el que intenta defenderse. Se observa atentamente tu lenguaje corporal y tu lenguaje paraverbal (las características de la voz). Se da en varios momentos y a través de varios aplicadores. En ocasiones dura dos minutos, y en otras ocasiones y etapas dura más de una hora. Los entrevistadores suelen fijarse en las siguientes señales que están (según las investigaciones de Paul Ekman) probablemente asociadas a mentiras: sonrisas asimétricas, parpadeo incontrolado, cejas en forma de v invertida, expresiones faciales que duran más de cinco o diez segundos, incongruencia en el acompañamiento de los gestos a las palabras, control excesivo de los gestos, contracción o dilatación de las pupilas, ruborización y palidez extrema.

Como estrategias, algunos aplicadores usan la presión verbal, la intimidación a través de amenazas directas o indirectas, golpes a una mesa, retos, aparente indiferencia, intentos de negociaciones, mentiras y exageraciones para confundir al entrevistado, así como el uso de palabras insultantes y altisonantes. No exagero, esto es lo que han informado varios entrevistados, no quiere decir que suceda en todas las ocasiones y tampoco quiere decir que sea lo ideal. Retomaré esto en la sección de críticas y propuestas.

El entrevistador psicólogo ya suele tener algunos antecedentes del entrevistado (laborales, socioeconómicos, currículum vitae y/o biográficos) y aún así realizará preguntas sobre aspectos trascendentes del entrevistado, para conocer la manera en que éste se adapta, resuelve conflictos, tolera frustraciones, es creativo o conformista, respeta o se rebela, entre otros factores. Intentará detectarte algún dato o característica de personalidad de tu historia de vida que les parezca inconsistente con el perfil de puesto que están buscando, según les han ordenado sus superiores.

Aquí será muy relevante la observación que hagan de tu lenguaje no verbal y paraverbal. Por lenguaje no verbal me refiero a lo que tu cuerpo manifiesta en actitudes, posturas, movimientos de manos y pies, lo que transmite tu mirada, en fin, para mayor información de esto te recomiendo la lectura de mi artículo "Detección de mentiras en el paciente", el cual puedes leer en este libro en el segundo capítulo.

Además de que en Internet se ofrecen multitud de libros sobre el lenguaje corporal o no verbal.

Y el lenguaje paraverbal es el que matiza lo que dice la voz, en cuanto a tono, énfasis, lapsus linguae, etcétera.

Por otra parte, he sabido de situaciones variadas durante entrevistas psicológicas de este tipo:

-Una entrevistadora cuyo escote era una casi segura prueba de tentación para la concentración del entrevistado.

-Una entrevistadora fría como el hielo y que en ocasiones respondía que no le creía al entrevistado, por lo que lo obligaba a repetirle una o dos veces ciertas informaciones.

-Un entrevistador que intenta presionar al entrevistado mostrándose incrédulo, indiferente y hasta confrontativo para observar hasta dónde llega la tolerancia a la frustración de éste.

EXÁMENES FÍSICO Y TOXICOLÓGICO

Como requisito los hombres deben tener una estatura mínima de 1.60 metros, mientras que a las mujeres se les exige tener por lo menos una estatura de 1.55 metros.

La edad máxima requerida para ambos sexos es de 35 años cumplidos en el año que se realizan los exámenes de control y confianza.

Cada persona debe llevar un comprobante que reporte si presenta obesidad, sobrepeso o peso acorde a su edad. La fórmula toma en cuenta la edad, el índice de grasa y el índice de masa corporal que miden básculas especialmente preparadas para eso, como algunas que se encuentran en centros comerciales.

También, se investiga si el aspirante padece alguna enfermedad contagiosa, crónica o de riesgo para el trabajo que pretende laborar. Se les indica que realicen varias veces e ejercicio físico conocido como *sentadillas*, para observar si hubiera alguna incapacidad o lesión ósea, muscular o de cualquier tipo y analizar la gravedad de la misma.

El anti-doping o prueba anti dopaje está diseñado para testear (probar) si la muestra de orina de la persona analizada arroja un resultado positivo o negativo respecto a una sustancia que el mecanismo tiene la capacidad de detectar, hay algunos que detectan más sustancias (drogas o sustancias prohibidas) que otros; los más sofisticados y completos son los que maneja el Comité Olímpico Internacional. Para la toma de muestra de la orina se vigila estrictamente y de cerca que esta no sea alterada por el aspirante.

PRUEBAS PSICOMÉTRICAS:

Son pruebas psicológicas que con base a investigaciones y fundamentos que a pesar de haber sido diseñadas hace varias décadas, han demostrado confiabilidad y validez para detectar, medir y diagnosticar los elementos para lo cual fueron creadas, midiendo e indicando categorías psicológicas. Suelen abarcar las áreas de habilidad mental, personalidad y dibujos proyectivos.

HABILIDAD MENTAL:

Este examen de habilidad mental, entendida como capacidad de aprendizaje, al calificarlo permite comparar la composición del grupo evaluado, en cuanto a resultados bajos y altos.

Contiene ítems que miden información o conocimientos generales adquiridos, comprensión de vocabulario, razonamiento verbal, razonamiento lógico y razonamiento numérico.

Tip para contestarlo: Contestar la totalidad del examen, incluso aunque las últimas preguntas las contestes al azar.

PERSONALIDAD:

Para medir la personalidad, en este país y en cuanto a la batería de los exámenes de control y confianza, se aplica el Inventario Multifásico de Personalidad de Minnesota (MMPI-2), estandarizado en México. Contiene 567 reactivos. Este test aún conserva su estatus como el principal instrumento para la evaluación de la psicopatología de la adultez, por el enorme volumen de investigación (más de 10 mil estudios) a lo largo de más de 50 años, con altos niveles de confiabilidad.

El señor Sundberg, nos resume las escalas más relevantes que mide este Inventario (los reactivos son simulados para ejemplificar, y no son los originales):

-Mentira: Reactivos de informe de sí mismo demasiado bueno, tales como, *"sonrío a todas las personas que me encuentro"*. (Verdadero).

-Frecuencia: Reactivos que se responden en la dirección calificada por parte del 10 por ciento o menos de las personas normales, tales como, *"existe una confabulación internacional en mi contra"*. (Verdadero).

-Corrección: Reactivos que reflejan una posición a la defensiva al admitir los problemas, tales como, *"me siento mal cuando otros me critican"*. (Falso).

-Hipocondriasis: Reactivos que se derivan de pacientes que muestran una preocupación anormal por las funciones corporales, tales como, *"varias veces a la semana, padezco dolores en el pecho"*. (Verdadero).

-Depresión: Reactivos que se derivan de pacientes neuróticos que utilizan síntomas físicos o mentales como forma de evitar inconscientemente los conflictos y responsabilidades difíciles, tales como, *"con frecuencia, mi corazón bombea tan fuerte que puedo sentirlo"*. (Verdadero).

-Desviación psicópata: Reactivos de pacientes que muestran interés repetido y flagrante por las costumbres sociales, falta de profundidad emocional e incapacidad para aprender de las experiencias de castigo, tales como, *"con frecuencia, los demás critican mis actividades e intereses"*. (Verdadero).

-Masculinidad-Feminidad: Reactivos de pacientes que muestran homoerotismo y reactivos que diferencian entre hombres y mujeres, tales como, *"me gusta arreglar las flores"*. (Verdadero).

-Paranoia: Reactivos de pacientes que muestran suspicacia anormal e ilusiones de grandeza o persecución, tales como, *"hay personas malignas que tratan de influenciar mi mente"*. (Verdadero).

-Obsesión-compulsión: Reactivos con base en pacientes neuróticos que muestran obsesiones, compulsiones, temores anormales y culpabilidad e indecisión, tales como, *"guardo casi todo lo que compro, incluso cuando no lo encuentro útil"*. (Verdadero).

-Esquizofrenia: Reactivos de pacientes que muestran pensamientos o comportamientos extraños o poco comunes, quienes con frecuencia están aislados y experimentan alucinaciones e ilusiones, tales como, *"los objetos a mi alrededor no parecen reales"*. (Verdadero). Y *"me hace sentir incómodo tener gente cerca de mí"*. (Verdadero).

-Hipomanía: Reactivos de pacientes que se caracterizan por su excitación emocional, demasiada actividad y vuelo de ideas, tales como, *"en ocasiones, me siento muy elevado o muy bajo sin ninguna razón aparente"*. (Verdadero).

-Introversión social: Reactivos de personas que muestran timidez, poco interés en la gente e inseguridad, tales como, *"paso los mejores momentos de mi vida en las fiestas"*. (Falso).

La calificación alta en cualquiera de dichas escalas no necesariamente significa sintomatología psiquiátrica, ya que se tiene que correlacionar con las demás escalas para obtener un perfil.

El MMPI-2 contiene algunas preguntas que inician con "No", "nadie", "raras veces" o "nunca", lo que genera confusión en varias personas, y esto se explica porque una parte de nuestra mente (el inconsciente) no reconoce esas palabras, ante lo cual se recomienda traducirla e manera contraria, por ejemplo, si la frase fuera: "nunca he sentido dolores que no me permitan trabajar", se traduciría como: "siempre he sentido dolores que sí me permiten trabajar", o sea, dos palabras negativas (nunca y no) se traducen como afirmativas (siempre y sí). Cuando la frase o pregunta inicie con la palabra "No", se sugiere preguntarse mentalmente "¿es verdadero que yo NO...?

Existen frases que se repiten varias veces, con el mismo significado pero con diferentes palabras, esto para detectar inconsistencias e incongruencias, lo mismo cabe esperar en el puñado de frases relativas a los temas de religión, preferencia sexual, sociabilidad, problemas estomacales, temperatura corporal y comunicación.

Algunas preguntas van enfocadas en detectar salud mental, desde la perspectiva oficial de la Ciencia, es decir, que en este test está mal visto y hasta te pueden tachar de loco si aceptas haber visto fantasmas u Ovnis, así que ten cuidado en lo que respondes. Por ejemplo, aunque yo creo y he visto más de 30 veces Ovnis y fantasmas pues en esta prueba no afirmaré esto porque me crucificarían y me calificarían como chiflado.

En resumen, para contestar este test la fórmula que sugiero para la respuesta adecuada es= (suficiente honestidad personal) + (lo que se considera oficialmente sano o trasfondo psicológico) + (perfil esperado del puesto).

Finalmente, este test se puede invalidar por contestar con demasiadas mentiras o respuestas increíbles.

DIBUJOS PROYECTIVOS

Son un complemento al MMPI-2 para detectar la personalidad de las personas.

Pues resulta que proyectas tu personalidad en lo que dibujas, hablas o haces. Tus gustos, elecciones o cosas favoritas gritan lo que eres. Te proyectas en la manera que juegas, cómo te comportas al hacer deporte, cómo estudias y cómo trabajas.

Los dibujos proyectivos, con fundamentos psicoanalíticos, detectan principalmente rasgos o elementos de agresividad, ansiedad, sexualidad, impulsos, actitudes hacia las figuras masculina-femenina y paterna-materna, emotividad, psicosis, neurosis, introversión-extroversión, etcétera.

En general, se evalúan aspectos significativos de tamaño, simetría, omisiones, borraduras, ubicación espacial, explicaciones e historias sobre lo dibujado, actitudes del dibujante y de la persona dibujada, etcétera. En específico, en Internet existe abundante información sobre estos tests, que aquí no se dará.

*EL POLÍGRAFO O DETECTOR MENTIRAS

En 1917 W. Marston consideró que la presión sanguínea sistólica se elevaría de manera gradual si la persona examinada intentaba engañar al examinador. El polígrafo moderno es más complejo que el procedimiento rudimentario de Marston, nace a finales de la década de 1930. Es un brazalete para medir la frecuencia de la presión arterial, un monitor de frecuencia cardiaca, un aro flexible alrededor del pecho para registrar la respiración y conductos eléctricos en los dedos para detectar los cambios en actividad eléctrica de la piel, donde incluso un ligero incremento en la humedad debida a la transpiración es detectada por un par de electrodos.

La palabra polígrafo refleja 4 variables en forma de gráficas, y se traduce de modo literal como "muchas escrituras", porque son respuestas fisiológicas que se presentan en un conjunto de líneas fluctuantes dibujadas en tinta sobre un rollo de papel en movimiento continuo. La justificación para el empleo del polígrafo como detector de mentiras se deriva de la observación de que muchas personas reaccionan con un aumento en la excitación fisiológica cuando dicen una mentira. Al menos en teoría, las respuestas veraces se acompañan de líneas relativamente planas, mientras que se supone que una mentira causa fluctuaciones significativas y factibles de detección en frecuencia cardiaca, transpiración y quizás también en otras medidas. Así, un procedimiento común en la prueba del polígrafo consiste en comparar las respuestas a una pregunta neutra o control ("¿hoy es jueves?") con respuestas a una pregunta relacionada ("¿robó usted al banco el pasado viernes?").

El polígrafo no "suena" al momento de decir una supuesta mentira; es un examinador quien debe interpretar el patrón de respuestas fisiológicas. En esto reside una de las limitaciones sustanciales de dicho instrumento: se requiere de una gran preparación para poder interpretar cuáles "señales" son significativas y cuáles no.

Los defensores del polígrafo afirman que:

1.- el sustrato bioquímico de las emociones se encuentra correlacionado de forma directa con la reactividad corporal;

2.-que la linealidad estímulo → pensamiento → emoción → adecuación anatomofisiológica → respuesta es un ciclo que inalterablemente se presenta en cualquier proceso conductual humano;

3.-que es posible medir las reacciones corporales de las emociones; y que

4.-para cada estado emocional, existe un espectro psicofisiológico bien definido ligado a la actividad emotiva del sujeto.

De estas cuatro afirmaciones, las tres últimas no han podido demostrarse mediante el uso del método científico y la última es demostrablemente incorrecta.

¿Cuáles son las reacciones fisiológicas que mide el polígrafo con sus sensores?

-La respiración: medida por dos tubos de goma llenos de aire: uno situado en el pecho y otro en el abdomen (diafragma). Estos tubos, llamados neumógrafos, controlan la entrada (inhalación) y salida (exhalación) de aire en la cavidad torácica.

-Presión sanguínea/Pulsaciones por minuto: frecuencias medidas por un manguito colocado en el brazo izquierdo desnudo, para registrar las palpitaciones del corazón. Mide la tensión alta (hipertensión) o baja (hipotensión) que tiene la sangre de las arterias. En este rubro se supone que una medida significativamente alta o baja respecto a lo obtenido en la fase de control llevará a una interpretación de que el individuo examinado probablemente esté mintiendo.

-Ritmo cardiaco: Para conocer el valor de estas frecuencias se coloca un sensor en forma de cinta alrededor del tronco, a la altura del corazón.
-La resistencia galvánica de la piel: Esto, que puede sonar extraño, se refiere simplemente a la sudoración de la piel y la conductividad eléctrica de esta y de los músculos. Para medirla, se colocan unos sensores en las yemas de los dedos de la mano derecha, soliendo ser los dedos índice y el anular, o el anular y el dedo corazón.

La psicofisiología forense, en la que se inscribe el polígrafo, lícitamente la utiliza la psicología forense, como una de las técnicas de experticia de evaluación psicológica experta, aunque no todos los poligrafistas son psicólogos, ni todos los psicólogos forenses son poligrafistas. La psicología forense es un área de experticia usada como auxiliar de la justicia, para aportar medios de conocimiento orientadores, no necesariamente vinculantes. Es una sub área de especialización de la psicología jurídica, que comprende la realización de evaluaciones psicológicas, realizadas por solicitud de autoridades competentes (administrativas, policivas, judiciales, entre otras), para aportar información especializada, específica y veraz a través de un dictamen, que se puede convertir en un medio probatorio para orientar la toma de decisiones judiciales. Ha desarrollado diversas técnicas, que incluyen formatos de preguntas y forma de calificación, como la Zona Comparación Utah, que incluye en el formato preguntas relevantes, comparativas, neutrales introductorias y relevantes de sacrificio.

Existen cientos de investigaciones relacionadas con el polígrafo, existiendo polémica por los resultados, en algunos casos satisfactorios y en otros casos insatisfactorios, ya que las tasas de error y acierto son variables, por ejemplo, el rango de aciertos en los expertos estudiados va del 75% al 96%, habiendo inconsistencias por las variables físicas y psicológicas de los evaluados y por las variables de preparación e interpretación que presentan los "expertos" poligrafistas. Y cuando un poligrafista nos quiere vender la idea de que el polígrafo tiene una confiabilidad del 98% eso no es verdad, simplemente se refiere a pocos estudios que arrojaron ese resultado, y solamente cuando se investigó a expertos en el uso del polígrafo; pero en honor de la verdad y de la imparcialidad se tendría que aceptar que aún existe polémica y desacuerdos por haber investigaciones a favor y otras en contra de este instrumento.

Es imposible saber qué piensa la persona, pero los poligrafistas creen poder medir la reacción corporal que un sujeto muestra ante la presentación de un tema. La evidencia forense en la prueba de polígrafo, pues, sería la medida de la reacción fisiológica correspondiente de eventos comparados en la memoria del sujeto y la emisión de respuestas específicas.

En algunos países de América Latina el Polígrafo es utilizado como prueba judicial, tal es el caso de Guatemala y Panamá. En Estados Unidos el Polígrafo se admite como prueba judicial bajo estipulación; es decir mediante acuerdo entre el fiscal y el defensor en varios estados.

El éxito del examen poligráfico se basa en el trabajo amistoso. Si el entrevistado no está dispuesto a cooperar, no se le puede realizar el examen. No se puede someter físicamente a alguien, sentarlo, ponerle sensores y esperar que, además, proporcione respuestas contra su voluntad. Por eso esas entrevistas tardan varias horas.

En la aplicación del polígrafo se debe tener cuidado de:

La tasa cardiaca: tener elevadas pulsaciones en un momento dado puede deberse a sentimientos tan dispares como la ira, la tristeza, la alegría o el miedo. Sólo preguntando al sujeto podemos intuir a medias qué es lo que puede haber producido esa súbita elevación en las pulsaciones. Por eso la máquina de la verdad no es fiable: nuestra reacción a una pregunta puede deberse a que esta es ofensiva, o que es demasiado arriesgado, o sencillamente tememos meter la pata. La ansiedad por ejecución que se experimenta en un contexto de peritaje forense es sin duda elevada: en ese caso, a pesar de tener líneas de base en los registros, no podemos saber a ciencia cierta qué es lo que mueve el brazo metálico del polígrafo.

El error de Otelo: Da origen a errores de incredulidad, en el que se incurre cuando se pasa por alto que una persona veraz puede presentar el aspecto de una persona mentirosa si está sometida a tensión. Un individuo sincero tal vez tema que no le crean, y ese temor puede confundirse con el recelo a ser detectado que es propio de un mentiroso. Hay sujetos con grandes sentimientos de culpa sin resolver acerca de cuestiones, que salen a la superficie toda vez que alguien sospecha que cometieron una falta, y éstos sentimientos de culpa pueden confundirse con los que siente el mentiroso por el engaño en que está incurriendo. Por otra parte, los individuos sinceros quizá sientan desprecio por quienes los acusan falsamente, o entusiasmo frente al desafío que implica probar el error de sus acusadores, o placer anticipado por la venganza que se tomarán: y los signos de todos estos sentimientos pueden llegar a asemejarse al "deleite por embaucar" tan propio de algunos mentirosos.

Riesgo de Brokaw: Errores de interpretación por no tener en cuenta las diferencias individuales en la conducta emocional. Ya que se necesita saber si un probable signo de mentira (investigado) es o no una característica permanente en el individuo. Los riesgos de Brokaw son los errores por incredulidad ante la verdad ("falsa alarma"), y los errores por credulidad ante la mentira ("extravío"); éstos últimos se producen a raíz de que ciertas personas no se equivocan nunca al mentir, lo cual aplica a psicópatas, mentirosos naturales, así como a quienes emplean técnicas teatrales.

Si eres demasiado estricto puede que obtengas demasiados falsos positivos y si eres demasiado permisivo demasiados falsos negativos, es decir, más que en el aparato, el problema está en la manera de usar el aparato. Según un estudio de la National Academy of Sciences de EEUU el polígrafo en sí es preciso, entre el 85 y el 89% de fiabilidad (solamente superada por la prueba de ADN). Sin embargo, ese mismo estudio señala que para realizar investigaciones criminales o recabar pruebas concluyentes el polígrafo no acaba de ser adecuado pues pese a la fiabilidad tiene un margen de error demasiado grande, un intervalo de confianza demasiado amplio.

El físico y profesor de la Universidad de Maryland Robert Lee Park comentó una vez irónicamente: *"El polígrafo descubre incrementos abruptos en el ritmo cardiaco, la presión sanguínea y la sudoración. Por lo tanto, esta máquina es un detector muy fiable de orgasmos. Pero, ¿detecta mentiras?. Sólo si uno está fingiendo un orgasmo".*

LOS QUE ENGAÑAN AL POLÍGRAFO

A los niños, psicópatas y psicóticos no se les puede aplicar el polígrafo, porque sus resultados no serían nada confiables, por la frecuencla y manera (consciente o inconsciente) de decir mentiras. Y a las personas "normales" para engañar al polígrafo les basta con apretar los dedos de los pies fuertemente contra el suelo o concentrarse en realizar operaciones matemáticas complejas, con lo cual tus niveles de tensión y nervios serían tan altos siempre que eclipsarías la prueba. Luego está por otro lado su lamentable uso en programas de televisión, donde por supuesto, la charlatanería insulsa y un mínimo de rigor científico están totalmente fuera de lugar.

También existen por Internet consejos para pasar la prueba. Todo se reduce a mantener las constantes inmutables durante toda la prueba, evitando así las fluctuaciones que evidenciarían la mentira.

Tres ejemplos para evadir los sentidos del polígrafo serían: El uso de sedantes. Morderse la lengua o el labio. La más curiosa: introducir una tachuela en el zapato para clavársela en el pie cada vez que una pregunta es formulada. De ese modo, el dolor producido por la chincheta en nuestro pie hará que la reacción a todas las respuestas sea idéntica.

Hay quien simula una tranquilidad inexistente consumiendo ansiolíticos como el 'valium', mientras que otros logran engañar al aparato simplemente pensando en situaciones que les resulten estresantes sin importar la pregunta, de modo que el aparato siempre registre los mismos niveles de excitación. Morderse la lengua en cada pregunta o pellizcarse el muslo son también efectivos.

Si la persona examinada se mueve, tose, estornuda o respira profundamente a voluntad esto distorsiona los resultados y no permiten sacar conclusiones válidas.

Espías cubanos tenían la técnica de morderse la lengua o pisar una tachuela con el pie, esto en la fase de control del polígrafo, para que la máquina estableciera reacción emotiva intensa que luego sería congruente con las reacciones emocionales de la siguiente fase del polígrafo.

Otros usan la técnica de los actores (Stanilavsky), en cuanto a concentrarse (o activar un ancla) en un estado positivo relajado o de confianza cuando les hacen preguntas que les pueden provocar reacciones desfavorables por tener experiencias delictivas, de corrupción o antiéticas. Por lo que disfrazan y manipulan sus reacciones emocionales. Además, no podemos dejar de mencionar a los que tienen gran entrenamiento mental por dominar técnicas como yoga, visualización mental y meditación, los cuales pueden manipular sus reacciones fisiológicas, aunque no hay muchas de estas personas.

Un caso utilizado para desacreditar la utilización del polígrafo como detector de mentiras fue el de un agente doble Aldrich Ames, quien al parecer superó dos pruebas del detector aplicadas por expertos de la CIA mientras trabajaba para la Unión Soviética entre 1985 y 1991. Otros espías notorios que han pasado la prueba del detector sin mayores dificultades fueron Karl Koecher (en los años 1980), Ana Belén Montes (en el año 2000), o Leandro Aragoncillo (en 2005).

Actualmente, hay varias personas trabajando como agentes policiacos o como funcionarios de gobierno, las cuales burlaron el polígrafo de alguna manera o fueron "ayudados" por algún político, por lo que sus subordinados y compañeros se preguntan con toda razón ¿cómo es posible que una persona así haya pasado favorablemente el polígrafo?

Como el poligrafista no tiene más remedio que formular un juicio a partir de una única entrevista, ésta tendrá que ser lo bastante prolongada como para permitirle observar la conducta habitual del entrevistado. Por ejemplo, el poligrafista intentará hablar un rato de temas que no provoquen ninguna tensión ni ansiedad. Sin embargo, para un sujeto que teme que se sospeche de él, toda la entrevista puede resultar estresante, y el examinador estará en peligro de cometer el riesgo de Brokaw al ejercer su interpretación.

La prueba de la detección psicofisiológica del engaño, conocida como detector de mentiras o polígrafo en la República Mexicana suele utilizarse en el Centro de Investigación y Seguridad Nacional (CISEN); Procuraduría General de la República (PGR); Policía Federal; Prevención y Readaptación Social Federal; Servicio de Administración Tributaria (SAT); algunas Procuradurías de Justicia de los estados; algunas refresqueras internacionales; algunas aseguradoras; varias empresas de seguridad privada; bancos de autoservicio; empresas telefónicas y de comunicaciones, etcétera.

¿Quiénes se han opuesto al uso del polígrafo? Científicos, jueces, psicólogos, psiquiatras, abogados, empleados, comisionados de derechos humanos, políticos, y un largo etcétera, de varios países.

¿Usted, autor del artículo, ha sido sometido a exámenes de control y confianza?

Sí, a principios del año 2000, cuando concursé por un puesto de agente federal de seguridad nacional, en México, Distrito Federal. Aprobé la batería de tests psicológicos (MMPI-2 computarizado, entrevista psicológica a presión, dibujos proyectivos, cuestionarios y test de inteligencia), médicos, toxicológicos, socioeconómicos y el detector de mentiras (polígrafo), por lo que obtuve el puesto.

¿Qué sucede con los resultados del polígrafo?
El poligrafista cumple su labor y entrega los resultados a sus jefes. Éstos son los que toman las decisiones. Se ha sabido de casos en que a determinadas personas le vuelven a aplicar el polígrafo una, dos y hasta tres veces dicha prueba. En otros casos han sido despedidos

sujetos de probada honorabilidad y rendimiento, o cuya edad estaba cerca de la jubilación. ¿casualidad o algo más?

¿Qué se recomienda para tener un buen rendimiento en la
prueba del polígrafo? No discutir con el aplicador, porque el que
alega o se enoja pierde.
Llegar relajado o relajarse en el camino, a través de técnicas (ver última sección de este artículo).
Entender que en los "tiempos muertos" cuando dejan solo al examinado, en realidad sigue siendo vigilado pero por cámaras ocultas, para monitorear su lenguaje corporal, su tolerancia a la frustración y para calibrar su capacidad de demora.

¿Qué es mejor que el polígrafo?
Existen técnicas de escaneo cerebral y de identificación del ADN que son más precisas que el polígrafo, sin embargo, para el caso de detección de mentiras se ha intentado fabricar nuevos aparatos basándose en el registro de voz pero su aceptación es menor que la del polígrafo. Por lo que en la actualidad aún no existe un aparato que tenga el prestigio o el acuerdo como para no generar polémica en su uso, y que a final de cuentas, se ha investigado que más que los aparatos la clave está en la preparación y experiencia de los que manejan dichos aparatos, que es cuando se han logrado altos porcentajes de aciertos y pocos errores, y muy pocos de ellos pueden presumir de tener esa preparación necesaria. ¿Quién te aplicó o aplicará el polígrafo tiene esa preparación y experiencia?

Según el Lic. Durán Valle, Director General del Centro de Investigación Forense y

Control de Confianza, S. C., las etapas de la prueba poligráfica son las siguientes:

PRE-TEST:

-Sensibilización sobre el motivo de evaluación.

-Explicación del procedimiento de la prueba de polígrafo al examinado.

-Autorización por escrito por parte del evaluado.

-Revisión de historial médico.

-Entrevista.

-Profundización en las áreas de riesgo, según las necesidades del cliente

-Elaboración de preguntas a utilizar con el equipo poligráfico, tomando en cuenta la información proporcionada por el personal evaluado y según las necesidades del cliente.

TEST:

-Revisión de preguntas junto con el evaluado, para asegurar la comprensión de las mismas, suelen ser diez.

-Colocación de componentes (sensores) poligráficos.

-Formulación de preguntas con el equipo poligráfico, monitoreando las reacciones psicofisiológicas del evaluado. Las preguntas se le repiten al examinado de manera aleatoria hasta en tres ocasiones y cada vez se formulan desde un ángulo distinto. Las respuestas deben ser "sí" o "no".

-Análisis cualitativo y cuantitativo de las reacciones psicofisiológicas del evaluado.

-Control de calidad, en donde otro poligrafista realiza un segundo análisis, para ratificar el resultado.

-Determinación de reacciones

psicofisiológicas de engaño. POST-TEST:

-Confrontación con el resultado obtenido.

-Oportunidad para el evaluado de aclarar el resultado obtenido.

-El evaluado llenará la hoja de comentarios, en donde escribirá el trato que recibió por parte del poligrafista.

LOS DICTÁMENES

Hasta donde sé y me han dicho, los resultados los etiquetan como aptos y no aptos. Los no aptos tienen fallas en alguna o algunas de las áreas ya señaladas:
Área Física: obesidad, estatura menor a la requerida, edad mayor a los 35 años de edad, alguna enfermedad contagiosa o grave (tuberculosis, VIH, lesión ósea o muscular, entre otras), etc.

Área Psicológica: se detectan transtornos graves de personalidad y/o psiquiátricos que implican descontrol de la violencia, psicopatía, conflictiva con figuras de autoridad, etc.

Área toxicológica: Se detecta que el aspirante consumió recientemente o en pasados días alguna sustancia considerada prohibida.

Área poligráfica: Se considera que en el evaluado se detectaron reacciones fisiológicas que hacen suponer que mintió en alguna o algunas preguntas importantes, como por ejemplo cuando se le cuestiona si tiene nexos con la delincuencia organizada.

Algunos poligrafistas interpretan con las siguientes tres categorías:
-Resultado creíble: No se encuentran indicativos de engaño (NDI).
-Indicativo de engaño: es la traducción de la expresión *Deception Indicate.* Los picos en las gráficas, se interpretan como indicativos de engaño en algunas de las preguntas realizadas.
-Inconcluso o No indicativo de engaño: es la traducción que se hace de la expresión estandarizada entre los poligrafistas de la expresión *No Deception,* donde a pesar de encontrarse picos en las gráficas, estas no pueden asociarse significativamente como indicativas de engaño.

Hace una década, más o menos, un alto funcionario de un Gobierno estatal me confiaba las 5 categorías de dictamen que se toman como criterio para reportar los resultados concluyentes de los exámenes psicométricos, es decir, del área psicológica, desconozco si actualmente se siguen considerando estas u otras:

-Afín al puesto: Persona a la que no se le encuentra ningún inconveniente u observación negativa.

-Afín al puesto con apoyo: Implica que aunque el servidor público tiene posibilidades de desempeñarse adecuadamente en el puesto, presenta algunos rasgos (los del dictamen) que pueden llegar a constituirse en obstáculos importantes.

-Requiere apoyo psicológico de carácter preventivo: La incipiente aparición de rasgos psicopatológicos que empiezan a generar sufrimiento en la persona, así como a generar dificultades de interacción, por lo que se sugiere el apoyo de un profesional de la Psicología con el fin de evitar o prevenir la conformación de patrones de deterioro funcional.

-Conviene evaluación psicológica más profunda:

-Prueba invalidada: Por diversas razones de fuerza mayor, o por los criterios de los exámenes aplicados, se puede dar el caso de que alguno o algunos de estos ocasione que se invalide.

Y una de estas cinco categorías elegida estaba acompañada del reporte de 3 dimensiones de la evaluación, consideradas como factores psicológicos críticos:

-Integración de la personalidad: Aquí se señalan la estructura (yo-ello-super yo) y los rasgos de personalidad adecuados e inadecuados, interpretación que hace de su realidad, etc.

-Habilidad social: Se señalan aspectos de relaciones interpersonales, autoconfianza, manipulación, relación con figuras de autoridad, manejo y expresión de emociones, impulsividad, rol social, etc.

-Actitud y responsabilidad laboral: Desempeño, conciencia de conductas, tolerancia a frustraciones, energía en desempeño, intereses, aspiraciones, iniciativa, ambientes preferidos, ambiciones, constancia en sus tareas, etc.

En la construcción del dictamen, la relevancia y peso de los 3 factores psicológicos no es el mismo. El que un servidor público sea capaz de manejar de manera adecuada su agresión y estrés en situaciones de presión, depende, en gran medida, de un adecuado nivel de integración de su personalidad, lo que hace al factor de integración de la personalidad, el de mayor peso y relevancia en el dictamen. Así mismo, debe entenderse que en la actitud laboral del servidor público, confluyen los otros dos factores señalados.

Por último, cabe señalar que se reporta el diagnóstico y pronóstico con base principal en la prueba de personalidad MMPI-2, con sus principales áreas de conflicto, si las hay, y los rasgos y actitudes que pueden facilitar u obstaculizar un adecuado desempeño laboral.

CRÍTICAS Y PROPUESTAS PARA LOS EXÁMENES DE CONTROL Y CONFIANZA

-Hace falta una labor de investigación más seria sobre cada examinado, entrevistando a varias personas vecinas a su casa y otras cercanas en su lugar de trabajo, incluyendo compañeros y jefes, además que se solicite un resumen del expediente laboral del examinado. No es suficiente la versión de un jefe o lo que diga el currículum del examinado. Sé del caso de un aspirante que le realizaron todos los exámenes de control y confianza, para que al final le informaran que no era apta por no tener la estatura mínima requerida (tiene 1.47 metros) ni la edad requerida (tiene 37 años de edad, o sea, fallaron estrepitosamente los filtros y se pudo haber evitado perder tiempo y gasto de las demás pruebas).

-Varios entrevistados reportan que algunos entrevistadores los han insultado y gritados con "mentadas de madre", "pendejismos", "cabronerías", etcétera, lo cual atenta contra los derechos humanos de ellos, ya que están mostrando impotencia e ignorancia al no poder indagar información a través de otros métodos. Aquí es donde se hace necesaria mayor capacitación en la técnica de la entrevista y en el manejo del lenguaje corporal, para no recurrir a animaladas estilo interrogatorio judicial (como pasa en otros países, en México nunca ha pasado).

-También, durante la entrevista psicológica (con o sin polígrafo) se han detectado estrategias repetitivas que ya son conocidas por muchos examinados. La realización de una evaluación psicológica requiere de experticia, lo que implica experiencia en la valoración de personas en procesos judiciales y preparación especializada; es decir, posgrado en el área, preferentemente.

-Que los dictámenes sobre cada examinado sean sometidos a la aprobación de un Consejo Técnico Interdisciplinario, donde participe por lo menos el entrevistador, el aplicador del polígrafo, el revisor de la documentación y/o investigador de antecedentes, y el jefe inmediato de estos.

-Seguimiento de los resultados de la prueba: Es necesario dar seguimiento psicológico a aquel personal que pasa las pruebas, pero muestra alguna observación que condicione la aprobación.

-Victimización policial: Hace falta el análisis de los casos extremos de conducta policial, es decir, el análisis de aquellos casos en los cuales aún en presencia de exámenes de control de confianza a nivel individual existieron desviaciones importantes de conducta policial (Ataque a los agentes de la DEA, balacera entre agentes en el AICM, etc.).

-Se sabe de multitud de casos a nivel estatal y nacional en los cuales a los trabajadores despedidos no se les ha pagado su correspondiente finiquito, les dan una cantidad mucho más baja de lo que les corresponde o ni siquiera se les da la quincena trabajada antes de su cese, desventajosa situación que los pone contra la espada y la pared.

-Se sabe que, a nivel nacional, ha existido favoritismos, inequidad, influencias políticas que rompen la ética de los evaluadores o del resultado final. Por ejemplo, una de las primeras preguntas que te hacen los evaluadores es
¿quién te manda?, dinos su nombre completo, teléfono, puesto y dependencia para la cual trabaja el que te recomienda. Y con esas ayudas se conocen evaluados que a pesar de haber reprobado los exámenes resulta que andan laborando, ¿por qué? Porque los recomendó algún influyente. Algunos reprueban los exámenes e inmediatamente se les despide, sin embargo, a otros se les ha dado una segunda y hasta tercera oportunidad,
¿por qué la diferencia? Porque los resultados de los exámenes se prestan a decisiones favoritistas o políticas que hacen las autoridades que reciben esos resultados. Falta autonomía y apego a la ética del Centro de Evaluación y Confianza, y legislar para evitar que los políticos o autoridades se rían de esos exámenes porque hasta ahora saben que con una carta, llamada telefónica o palancas pueden alterar y viciar los famosos exámenes, si a veces no los resultados pues sí lo que pueda suceder con los examinados. Hay mucho descontento en este sentido porque se conocen nombres completos de los que han sido beneficiados y los que han sido perjudicados.

-Los trabajadores despedidos por reprobar estos exámenes salen estigmatizados en la mayoría de las veces, no son contratados ya ni siquiera en las empresas privadas por el antecedente de donde estuvieron trabajando, cada vez los van acorralando de un modo a otro a que se sumen a quien les abra las puertas de par en par, que es el crimen organizado.

-Se ha sabido de varios suicidios y también de intentos de quitarse la vida después de haber sido despedidos o no aprobados por tener un dictamen desfavorable en los exámenes de control y confianza. Por lo que es importante y necesario formalizar la canalización de los Individuos despedidos a sesiones de psicología y/o psicoterapia con Instituciones y/o consultorios con los que se establezcan convenios.

-En el detector de mentiras (polígrafo) los aplicadores están conscientes de que los examinados pueden caer en una de las 4 siguientes categorías: positivos válidos (personas culpables identificadas como tales), negativos válidos (personas inocentes identificadas como tales), falsos positivos (personas inocentes identificadas como culpables), y falsos negativos (personas culpables identificadas como inocentes). Y es en estas dos últimas categorías donde varias personas evaluadas incorrectamente han perdido su trabajo o han sido rechazadas de una oportunidad laboral. Yo no recuerdo que algún Centro de Evaluación de la República Mexicana haya presentado estadísticas sobre porcentajes de estas 4 categorías respecto a los miles de personas que han evaluado. ¿Por qué será? Para mayor información sobre estos riesgos de errores (de Otelo y de Brokaw) consultar mi artículo "Detección de mentiras en el paciente".

-Blinkhorn (1988) afirma que "el empleo del polígrafo como detector de mentiras está muy lejos de satisfacer los estándares aceptables para las pruebas psicológicas. En esencia no tiene estandarización; es inconsistente a nivel interno; la recalificación de las gráficas es poco confiable; no se dispone de ningún tipo de información de confiabilidad para los examinandos; produce un número desproporcionado de positivos falsos…".

-El 12 de mayo de 2013, el diario 'Reforma', de México, publica que en este país el 80% de los policías municipales y estatales que reprobaron los exámenes de control y confianza continúan en activo, porque no hay presupuesto para indemnizarlos. Los estados que más problemas enfrentan esto son Michoacán, Sinaloa, Colima y Guanajuato.

-Viridiana Barriga, del Centro CLEAR para América Latina, nos señala algunas notas relevantes de la conferencia que impartió: "*Sistema de Desarrollo Policial: Pruebas de Control de Confianza*", desde la perspectiva de los policías: Existe un desconocimiento general acerca de la función de las pruebas (para qué sirven) lo que hace que las pruebas tengan poca credibilidad para ellos. Los mandan a control de confianza cuando llevan de guardia más de 24 horas. Generalmente los Centros de Control de Confianza no cuentan con personal suficiente (por ejemplo, para hacer las pruebas de polígrafo). Algunos Centros cuentan con las instalaciones adecuadas pero no hacen exámenes por la duración tan extensa de los mismos (caso de Chihuahua). Y no existe diferenciación de pruebas de acuerdo con la función que tiene el policía o la sensibilidad de su cargo

-El Presidente de la Comisión Estatal de Derechos Humanos del Estado de Colima, Roberto Chapula de la Mora, aseguró a Diario de Colima el 23 de julio de 2012 que el examen de polígrafo que se aplica a los elementos de corporaciones de seguridad del estado carece de confiabilidad, y se contraponen a la Convención Americana de los Derechos Humanos, ya que realizan acciones represivas e invasivas de la vida íntima de las personas, y un abuso de poder de las autoridades que autorizan dichos exámenes, además de que suele dársele un uso político porque despiden a los que no son del agrado de sus jefes. Añadió que en el año 2002 la Academia de Ciencias de Estados Unidos de América concluyó que no se debe confiar en la prueba del polígrafo porque sus resultados son demasiado inexactos, ya que numerosos factores físicos y mentales hacen la prueba susceptible de muchos errores.

-Muchos elementos están acudiendo a las comisiones de Derechos Humanos, porque no se les está dando los mismos derechos, sino que les cataloga como presuntos responsables al etiquetarlos en los reportes como "probable responsabilidad de coadyuvar con la delincuencia organizada". Porque de existir certeza de esto, tendría que levantarse alguna denuncia penal en contra de los elementos despedidos, algo que no se ha dado hasta el momento. De aquí se desprende la necesidad de que los Centros de Evaluación que aplican los exámenes de control y confianza se asesoren con autoridades de Comisiones de Derechos Humanos para cuidar este aspecto al máximo.

-Integrantes de la Comisión de Seguridad Pública de la Cámara Federal de Diputados, aprobaron en abril de 2013 reformas a la Ley General del Sistema Nacional de Seguridad Pública y Policía Federal, en materia de exámenes de control de confianza, con el propósito de establecer que las normas técnicas y estándares mínimos en materia de evaluación y control de confianza de los servidores públicos en esta materia, garanticen la objetividad de los procesos de evaluación. Así lo dio a conocer el Legislador Federal hidalguense Francisco González Vargas, integrante de dicha Comisión, quien señaló que dichos procesos de evaluación deberán llevar un estricto respeto de los derechos humanos y dignidad de la persona evaluada de las Instituciones de Seguridad Pública, pues según, dijo, el análisis de los legisladores con el actual procedimiento es que se denigra la integridad de los elementos de seguridad, pues son sometidos incluso a interrogatorios y procesos "similares a una tortura". Aseguró que "Quienes aplican el polígrafo en México son, en algunos casos profesionales de la salud, pero la mayoría solo son técnicos sin grado universitario, intentan determinar en un ambiente intimidatorio, qué tan diferentes resultan sus reacciones cuando aplican preguntas neutrales y preguntas comprometedoras".

-Diversos comandantes y jefes de policía municipales de algunos estados han hecho declaraciones a la prensa quejándose de que policías honestos han sido despedidos y que algunos elementos realmente vinculados con la delincuencia organizada siguen trabajando a pesar de que tiene expedientes con señalamientos de corrupción o que después son aprehendidos infraganti en actos delictivos.

-La senadora Pilar Ortega, del PAN, propuso en este año al pleno del Senado la creación de la Comisión Especial de Seguimiento al Proceso de Certificación de los Integrantes de las instituciones de Seguridad Pública por parte de los Centros de Evaluación y Control de Confianza.

Jesús Casillas, senador priísta, relató en febrero de 2013 que durante una reunión con el Secretario de Gobernación Osorio Chong, "le propuse presentar una iniciativa para poder reformar la Ley General del Sistema Nacional de Seguridad Pública, con el propósito de dar certeza. Precisó que la propuesta se origina porque se ha mostrado que algunas de las evaluaciones "pueden arrojar resultados que de inmediato se pueda proceder como se establece la ley, cuál puede ser, pues la del entorno, la de la situación patrimonial de los elementos, que no corresponde al ingreso y es fácilmente detectable si es confiable o no el elemento de seguridad. Hay otras como las pruebas físicas como cuestiones de edad, sobrepeso, puedan no ser aprobadas y pueda buscarse una segunda oportunidad. Otras que tiene que ver, que también por sí sola resolverían de inmediato la baja, serían aquellos que no aprueben los exámenes toxicológicos, aquellos que sean adictos o dependientes a alguna droga podría determinarse el resultado que establece la ley. Donde hay dudas es en la prueba del polígrafo, porque cuando no están bien aplicadas o cuando existe confusión, previamente llegan nerviosos los elementos, que pueden caer en contradicciones, sin que necesariamente puedan tener algún tipo de antecedente o vinculación con el crimen organizado. También al esfuerzo que se hace para contar con el punto de vista de expertos mandos de algunos cuerpos policiacos de otros países para conocer las experiencias, hacer una reforma de ley y mejorar aspectos en la aplicación del polígrafo."

El experto Benjamín Domínguez Trejo dice que el polígrafo requiere un sospechoso que sea cooperativo, que sienta vergüenza o ansiedad cuando miente y que no haya sido capacitado en varios procedimientos para controlar el estrés. Y que lo cierto es que existen muchas modalidades de mentiras y muchos tipos de mentirosos y, por tanto, no existe un perfil único del simulador.

Es necesario estrechar mecanismos de trabajo entre las instituciones de Seguridad Pública, los Centros de Evaluación y las contralorías internas o áreas equivalentes, sin perder de vista que este compromiso es una responsabilidad de todos los miembros del Sistema Nacional de Seguridad Pública.

Aún están laborando miles de policías que reprobaron los exámenes de control y confianza que no han podido ser despedidos por falta de presupuesto y en ocasiones por falta de voluntad política.

Que se analice la posibilidad de que se grabe la sesión del polígrafo que recibe cada examinado. Esto con el objetivo de que el psicólogo aplicador de las pruebas psicométricas y algún miembro más que colaborará en el dictamen tengan más elementos para tomar decisiones ante casos de dudas o confusiones.

-Se han detectado algunos documentos falsificados al recoger los que se solicitan como requisito. Aquí la sugerencia es que haya un filtro más estricto en este sentido, e incluso se haga lo que la mayoría de las empresas e instituciones no hacen, es decir, que se realicen llamadas telefónicas o se acuda a la dependencia o Institución donde el aspirante a ser examinado asegura haber laborado o haber cursado estudios.

-Hasta el momento, después de muchos años de aplicar exámenes de control y confianza no se ha sabido que haya habido la humildad o el interés de investigación formal a nivel estatal o federal para indagar en los examinados sus quejas, motivos, condiciones, propuestas y críticas hacia este tipo de exámenes y sobre los aplicadores. Si se hiciera esto en entrevistas orales o a través de cuestionarios, encuestas y videos se obtendría información valiosa para mejorar la calidad, confiabilidad y seriedad en la aplicación de los exámenes de control y confianza.

-Que exista una reunión previa con los aspirantes a ser examinados, donde se les informe brevemente algunas consideraciones básicas que coadyuvarán para que estos tengan un rendimiento más satisfactorio de acuerdo a sus capacidades y esto contribuya a que exista un dictamen más confiable. ¿Cómo qué? Técnicas de relajación, tips de preparación física y mental, como se señala en el siguiente apartado.

-¿qué ocurriría si los notarios, jueces, fiscales, concejales, alcaldes, diputados y ministros tuvieran que pasar por alguno de los polígrafos contestando preguntas directas sobre sus patrimonios, historias personales, profesionales y políticas, sus decisiones, o sus promesas?

SUGERENCIAS PARA TOMAR EN CUENTA ANTES Y DURANTE LOS EXÁMENES DE CONTROL Y CONFIANZA

-**Dormir** la noche anterior el número de horas acostumbradas, es decir, no desvelarse ni enfiestarse o parrandear un día antes. De dormir poco o nada por cuestiones laborales, entonces tomar una siesta durante el traslado al lugar donde se realizarán los exámenes (obvio, siempre y cuando se vaya en calidad de pasajero o copiloto). El no tener nada de descanso atenta contra los derechos humanos y es una circunstancia que hay que denunciarla para que no siga ocurriendo, como ya ha ocurrido con muchas personas. ¿Qué hacer? Por ejemplo, algunos examinadores proporcionan una hoja donde el candidato puede escribir que está haciendo dichos exámenes en condiciones poco favorables por las irregularidades señaladas, y si hubiera otras pues también redactarlas, sin llegar a la violencia verbal.

-La **alimentación** es un aspecto tan relevante y que es muy poco tenido en cuenta por los aspirantes. Hay que poner atención a la cena de un día antes y al desayuno del día de los exámenes. Se sugiere consumir alimentos naturales, preferentemente: jugos, frutas (plátano, manzana, naranja, zanahoria, etc.), licuados, barritas de pan integral, pocas tortillas, yogurt, cereal con leche, leguminosas (frijol, garbanzo, arroz), granola, verduras, agua fresca de fruta, agua natural, agua mineral embotellada, pescado, pollo. Y evitar alimentos pesados de digerir, por ejemplo: carnes rojas, exceso de leche, comida condimentada y/o grasosa, cerveza, salsas, chiles, golosinas, quesos, embutidos (salchicha, chorizo, jamones, etc.), entre otros.

-Se necesita consumir uno o más **activadores** del cerebro y de nuestra energía para el esfuerzo mental que se hará en la realización de los diversos exámenes. Se recomiendan: un dulce (caramelo), miel, chocolate sólido o líquido, café (máximo 2 ó 3 tazas), chocomilk, té, refresco de cola (600 ml o menos), cápsula de vitaminas, cápsula de omega 3, etc. Además de estar correctamente **hidratado** con algún suero, o agua mineral (también sirve la de limón) con media cucharada de sal de uvas o bicarbonato.

-**Mentalizarse:** Utilizar recursos psicológicos que se hayan entrenado previamente, como anclas PNL (señales) que nos activan un estado mental positivo y pertinente para afrontar los exámenes que se avecinan. Hay quienes se mentalizan a través de frases, fotografías, toques energéticos de 'acupuntura' emocional (EFT), cierta ropa, libros sagrados o de superación personal, etcétera.

-**Relajarse:** Es uno de los aspectos básicos, porque si no se está relajado no se tendrá un rendimiento satisfactorio en los exámenes (así sean escolares, laborales, deportivos o de cualquier índole), por lo que se sugiere aprender y practicar uno o más métodos de relajación, hay algunos basados en el ritmo respiratorio (inhalar durante 4 segundos, retener 8 segundos el aire, y exhalarlo durante 8 segundos, se descansa unos segundos y reinicia el ciclo), relajación muscular (tensar-aflojar cada músculo del cuerpo, durante 10 segundos, aproximadamente, principalmente cara, brazos, manos, espalda, hombros, abdomen, zona genital, piernas, rodillas y pies). También, está la relajación mental, usando la imaginación centrarse en recordar un lugar relajante o de descanso, recordando los detalles con los 5 sentidos. La música instrumental también puede tranquilizarnos: piano, clásica, guitarras, nueva era, cantos gregorianos, arpas, y música especialmente hecha para relajación, con sonidos ambientales, de bosque, de animales, etc.

-Aspecto **espiritual**: Con la religión o creencia que cada quien tenga, hacer oraciones, persignarse, protegerse, encomendarse, solicitar ayuda, etcétera.

-Resolver **asuntos cotidianos**: Personales (necesidades fisiológicas y de salud, recados, vestimenta, teléfono celular, darse cuenta de las emociones sentidas al momento); laborales (permisos, pendientes, horarios, etc.); y asuntos familiares (hijos, casa, pareja, etc.)

Finalmente, antes de los exámenes evitar: ir drogados o alcoholizados, con cigarrillos, traer pastillas sospechosas, 'acordeones' y trampas, no haber consumido algún alimento, con accesorios o vestimenta que nos hagan sentir incómodos y distraídos (cinturón apretado, reloj, teléfono celular, etc.)

CONCLUSIÓN

Desde hace décadas se vienen aplicando exámenes de control y confianza en varios países, incluyendo a México, que desde el 2010 se vienen aplicando como parte de una decisión política de que la Secretaría de Seguridad Pública Federal y las secretarías estatales depuren los cuerpos policiacos y contraten a personal calificado. Este artículo tiene el objetivo de ser una voz de muchos agentes policiacos, custodios y psicólogos que hemos detectado errores en la aplicación de dichos exámenes, por lo que esperamos se tomen en cuenta algunas de estas observaciones, ya que hasta el momento las autoridades no parecen haber escuchado a los evaluados.

Dice Javier Peláez que, "Lo peor de confiar en los detectores de mentiras no es la facilidad con la que multitud de espías enemigos han pasado sus pruebas, sino la cantidad de personas inocentes que han resultado terriblemente juzgadas, despedidas o inculpadas de algo que no hicieron". Añade que en el año 2003 la Academia Nacional de Ciencias de Estados Unidos advirtió que por cada mentira descubierta utilizando el sistema del polígrafo existen cientos de errores que caen sobre personas que estaban diciendo la verdad.

Cabe señalar que los resultados de los Exámenes de Control y Confianza son inapelables, siempre y cuando se apeguen a la Ley, porque cuando no ha sido así (tardanza en otorgar resultados, bajas injustificadas por resultados polémicos o cuestionables de estos exámenes, entre otras razones) los aludidos han demandado a las instancias correspondientes y muchos han ganado indemnizaciones.

Por último, aquí observa varios videos sobre la prueba del

detector de mentiras:

http://www.youtube.com/watch?feature=player_embedded&v=g

KMDVBfEWy8

FUENTES:

- Aiken, F. (1992). Evaluación y Test Psicológicos. McGraw-Hill, México.

-Durán Valle Jaime Raúl, Director General del Centro de Investigación Forense y Control de Confianza, S. C. Página web: http://www.el-poligrafo.com/

-Domínguez Trejo Benjamín y García López Eric (2010). "Fundamentos de Psicología Jurídica y Forense". Ed. Oxford University Press

-Martínez Bernal Juan Carlos. "Detección de mentiras en el paciente". Artículo recopilatorio y divulgatorio, consultar aquí: http://es.scribd.com/doc/96035021/Deteccion-de-Mentiras-en-el-paciente

-Tapias-Saldaña Ángeles. "Introducción judicial del polígrafo a través de la pericia psicológica forense a presuntos agresores sexuales". En Revista Criminológica, Vol. 54, Núm. 1, junio 2012

-Página web de la Secretaría de Seguridad Pública Federal: www.ssp.gob.mx

-Entrevistas y testimonios de varios agentes policiacos y elementos de seguridad y custodia, cuyos nombres se omiten por razones obvias, algunos de los cuales han sido publicados en diversos periódicos y sitios de Internet que se señalan en las fuentes.

- Diario 'Milenio hidalgo' (27 Abril 2013). Pachuca de Soto:

-http://fbenedetti.blogalia.com/historias/18582

-Polígrafos:

-http://www.cita.es/poligrafos/

-Polytest:

http://www.polytest.cl/preguntas-frecuentes-sobre-detector-de-mentiras/

-Leticia Robles de la Rosa (08/02/2013). "La Segob ajustará filtros de confianza; será revisado el uso del polígrafo".

- Dennis A. García (10-feb-2013). "Reprueban 33 mil policías el examen de confianza".

-Diario de Guadalajara (03-JUNIO-2013). "Las corporaciones se desmantelan, no existe certidumbre en los exámenes de control de confianza":

http://www.informador.com.mx/jalisco/2013/428685/6/arremeten-contra-examenes-de-control-de- confianza.htm

-Viridiana Barriga Centro CLEAR para América Latina (07-enero-2013):

http://cidecyd.wordpress.com/2013/06/03/evaluacion-de-los-mecanismos-de-

control-de-confianza/

-Revista Proceso :"Falla limpia: siguen en las calles miles de policías 'no confiables'" (México, 12 de mayo de 2013):

http://www.proceso.com.mx/?p=341776

-¿Son fiables los detectores de mentiras? (03-may-

2010): http://alt1040.com/2010/05/son-fiables-los-

detectores-de-mentiras

-El detector de mentiras, cómo funciona, en qué consiste:

http://ocio.teoriza.com/2007/03/13/el-poligrafo-detector-de-mentiras-como-funciona-en-que-consiste-que- hace.html

- Javier Peláez. "El fraude de los detectores de mentiras", en Ciencia curiosa –

mar, 6 nov 2012: http://es-us.noticias.yahoo.com/blogs/ciencia-curiosa/el-fraude-de-los-detectores-de-mentiras.html

-Schwarz, Mauricio José. "El misterio de las mentiras":
http://info.elcorreo.com/territorios/articulo/ciencia-y-tecnologia/1321643/el-misterio-de-las-mentiras.html

-Raúl Oliván, poligrafista, ex policía de la extinta Dirección Federal de Seguridad, desde 1997 dirige Poligrafistas de México. Entrevistado por Cynthia Ramírez el 24-marzo-2010

2.- DETECCIÓN DE MENTIRAS EN EL PACIENTE.

Artículo publicado originalmente con el mismo título en www.mundogestalt.com el 13-noviembre-2003 a 16:08:30 GMT-06:00, también lo subí a Scribd en 2017: https://es.scribd.com/document/342312516/Deteccion-de-Mentiras-doc y actualizado en julio 2019

> "Si me engañas una vez, tuya es la culpa. Si me engañas dos, la culpa es mía"
> Anaxágoras, filósofo griego

> "Proclamar que nadie debe mentir nunca en una relación sería caer en un simplismo exagerado; tampoco recomiendo que se desenmascaren todas las mentiras".
> Paul Ekman (1991)

Ante una situación de tensión o presión la persona tiene el "síndrome de huida o de lucha". Es aquí donde entra la importancia del lenguaje corporal a través de la técnica de la kinesis para detectar patrones de conductas que indican la probabilidad (alta, mediana o baja) de que el interlocutor está mintiendo. Es importante recordar que los signos y síntomas de movimientos corporales se presentan desde el inicio o ante una pregunta que causa presión y tensión en el entrevistado. Sin embargo, dicha técnica no funciona con personas psicóticas, drogadas y que sean menores de 15 años de edad.

Cuando, por ejemplo, un paciente menciona "me encuentro bien", sólo por sus palabras no se puede saber si dice la verdad o no. A menudo, ya se sabe, decimos lo que queremos que los demás crean. El lenguaje del cuerpo, en cambio, no puede engañar tan fácilmente a un observador entrenado para tal fin. Nadie domina plenamente su cuerpo, por ello, su lenguaje corporal puede utilizarse como un recurso muy importante para hipotetizar si el individuo nos está mintiendo. La mentira entra en acción como una estrategia de afrontamiento de la realidad de la que deseamos obtener un beneficio o una satisfacción. Decir una mentira, por ejemplo, crea un estado de tensión corporal que reflejan indicios de las emociones que difícilmente puede controlar en su totalidad la persona debido a varios factores que se irán enumerando a lo largo de este artículo.

SIGNOS VERBALES

Son los deslices verbales (lapsus inconscientes), contradicciones en descripción de detalles específicos, frases como "esas preguntas no me hacen gracia"; responder a una pregunta inexistente evadiendo la pregunta real, quejas sobre el ambiente y sobre la entrevista; cuando nos pidan que repitamos la pregunta; cuando nos responden con otra pregunta; detenerse a la mitad de la oración; interrumpir; desviar el tema; disculparse frecuentemente; apelar mucho a Dios o a la madre; abusar de los siguientes términos: honestamente, francamente, de verdad, créame, que me caiga un rayo si no, etcétera.

El expresar "No" (verbal o no verbalmente) nos da características de posibles mentiras de acuerdo a lo siguiente: si se acompaña de cerrar los ojos; si se expresa con énfasis y se mueve la cabeza de un lado a otro; si se expresa titubeante, con duda y con demora; si se expresa de manera suplicante; con inflexión de voz o con una mirada al vacío; acompañado de mirada inquisidora; expresándose como si no fuera dirigida a él la pregunta.

SIGNOS NO VERBALES

Según la PNL, si una persona (diestra) mira al lado superior derecho, el individuo está construyendo, es decir, cabe la posibilidad de que diga mentiras.

Si parpadea demasiado (no confundir con un tic), si desvía la mirada (no confundir con timidez), si baja la mirada (no confundir con distracciones), si fija demasiado la mirada (no confundir con estrabismo), si se muestra ansioso, afecto inapropiado, expresiones falsas de emociones (sonrisas falsas, depresión falsa, etc.); si la persona se cubre el rostro consciente o inconscientemente con las manos u algún objeto (máscara, lentes, tela, etc.); si la persona se coloca deliberadamente de perfil; si la persona abandona la conversación intempestivamente; largas pausas entre palabras; ritmo respiratorio excesivamente profundo o superficial; tragar saliva.

TIPOS DE MENTIRAS

1).-Mentiras por ocultamiento; 2).-Mentiras por falseamiento; 3).-Despistar al otro reconociendo la emoción propia pero atribuyéndola a una causa falsa; 4).-Decir falsamente la verdad o admitir la verdad pero de una manera tan exagerada o irónica que el destinatario se vea desorientado o no reciba información alguna; 5).-El ocultamiento a medias de la verdad, dejando de lado elementos decisivos; 6).-La evasiva por inferencia incorrecta o decir la verdad pero de un modo que implique lo contrario de lo que es (ocultar verdaderos sentimientos haciendo algo que desvíe la atención o que nos impida hablar); 7).-Exageración de la verdad para ridiculizar el descubrimiento del entrevistador.

TIPOS DE MENTIROSOS

POR TRASTORNOS DE PERSONALIDAD

-NATURALES: están al tanto de su aptitud, no menos que quienes los conocen bien. Desde su infancia engañaron impunemente a sus padres, maestros y amigos cuando se les antojó hacerlo; no sienten gran recelo de ser detectadas, todo lo contrario, confían en su capacidad de engañar.

-ANTISOCIALES: poseen encanto superficial, falta de remordimiento o de vergüenza, egocentrismo patológico, incapacidad de amar, carencia de culpa o de conciencia moral, falta de empatía, por ejemplo, uno de los impostores más grandes de todos los tiempos, Frank Abagnale, quien se autodescribe magistralmente en el libro ¡Atrápenme si pueden!, así como en la película ¡Atrápame si puedes! actuada por Leonardo Dicaprio y Tom Hanks. Cabe mencionar que los individuos con personalidad antisocial son los más difíciles de que se les detecten indicios de mentiras, empezando porque muchos de ellos pasan desapercibidos de su condición.

-MITÓMANOS: Los delirios no son mentiras conscientes, ejemplos de estos son los celotípicos, los erotomaníacos, los fantaseosos, los narcisistas, los paranoicos, los histéricos-histriónicos mienten de querer suicidarse, ya que en realidad sólo quieren llamar la atención.

-PSICÓTICOS: Sus alucinaciones, aunque las creen reales, son contenidos del pensamiento incongruentes y/o incoherentes con la realidad.

PAPEL DE LOS TRASTORNOS DE PERSONALIDAD

Gluck clasifica la simulación de enfermedades en tres grupos: la que es propia del insano; la del sujeto en apariencia mentalmente normal; y la de los fronterizos que pueden ser potencialmente normales, pero que están bordeando la psicosis (borderline o limítrofes).

Existen ciertos trastornos de personalidad que hacen que un individuo sea mentiroso. Por ejemplo, hay una clase llamada "histriónica" y quienes la padecen son personas manipuladoras que, para lograr sus objetivos, suelen mentir. Otro tipo es el llamado "Limítrofe", que genera impulsividad, autoagresión y mitomanía.

PAPEL DE LOS TRASTORNOS FACTICIOS, SEGÚN EL DSM IV y V

Los trastornos facticios se caracterizan por síntomas físicos o psicológicos fingidos o producidos intencionadamente, con el fin de asumir el papel de enfermo. La apreciación de que un síntoma se ha producido de manera intencionada es posible tanto por comprobación directa como por la exclusión de otras causas. Debe reseñarse que la presencia de síntomas facticios no excluye la coexistencia de síntomas físicos o psicológicos verdaderos. Los trastornos facticios son distinguibles de los actos de simulación. En la simulación el «paciente» también produce los síntomas de modo intencionado, pero su objetivo es fácilmente reconocible cuando se conocen sus circunstancias. Por ejemplo, la producción de síntomas de manera intencionada para evitar una audiencia penal o la incorporación al Servicio Militar. De manera semejante, un enfermo mental hospitalizado puede simular la agravación de su enfermedad para evitar su traslado a otra institución menos deseable, produciendo así un acto de simulación. En cambio, en el trastorno facticio existe una necesidad psicológica de asumir el papel de enfermo, tal como se pone de manifiesto por la ausencia de incentivos externos para tal comportamiento. Mientras que un acto de simulación puede considerarse adaptativo bajo ciertas circunstancias (por ejemplo, en situaciones hostiles), por definición, el diagnóstico de trastorno facticio implica siempre un determinado grado de psicopatología. (3)

INVESTIGACIONES CIENTÍFICAS DE PAUL EKMAN

El doctor **Paul Ekman**, investigador y profesor de Psicología en la Universidad de California, en Estados Unidos, y asesor del departamento de defensa del FBI ha recogido los cambios más significativos que se presentan en el organismo de un mentiroso porque, por lo general, quienes faltan a la verdad no pueden controlar ni esconder todas sus conductas:

1.-Sonrisas asimétricas. Una sonrisa falsa suele ser asimétrica, sólo intervienen en ella una parte de los músculos de la boca y ninguno de los que rodean a los ojos: no se alzan las mejillas ni descienden las cejas.

2.-Parpadeo incontrolado. Un mentiroso experto es capaz de mirar fijamente a las personas pero muy posiblemente no será capaz de controlar el parpadeo, que es un movimiento involuntario cuando se experimenta una emoción.

3.-Movimiento de los músculos de la frente. Cuando mienten, muchas personas experimentan sentimientos de angustia, lo que provoca que las cejas se pongan en una posición oblicua (más elevadas en el centro), haciendo la forma de una V invertida.

4.-Duración de las expresiones. Las expresiones faciales que duran más de cinco o diez segundos suelen ser falsas. Por ejemplo, un gesto genuino de sorpresa apenas supera las décimas de segundo.

5.-Alteración del ritmo. Cuando se está fingiendo, los gestos no acompañan a las palabras, es decir, no hay congruencia. Por ejemplo, en un engaño verdadero los gestos violentos aparecen antes de hablar, mientras que un mentiroso suele esperar a terminar la frase para gesticular.

6.-Gestos controlados. Se utilizan menos gestos cuando hay inseguridad en lo que se dice. La causa es que el mentiroso se da cuenta de que el movimiento nervioso puede ser considerado un principio de engaño y, al final, es su ausencia el agente delator.

7.-Pupilas dilatadas y excesivo lagrimeo. Las pupilas se dilatan cuando hay excitación o agrado, y se contraen cuando nos disgustamos; aunado a lo anterior, las lágrimas son síntoma de satisfacción o irritación.

8.-Transpiración. La aparición de sudor es otro proceso es otro proceso regulado por el sistema nervioso y, aunque muchas veces aparece como reacción ante el calor o el esfuerzo excesivo, también puede ser consecuencia de una tensión emocional.

9.-Ruborización o palidez extrema. Los cambios producidos en el sistema nervioso autónomo afectan a los vasos sanguíneos, de tal forma que aparece el rubor cuando se está confundido o avergonzado y, la palidez cuando se tiene miedo a ser descubierto. Ninguno de estos dos actos puede dominarse conscientemente. (9)

FALSEAMIENTO Y OCULTACIÓN DE VERDADES EN PRUEBAS PSICOLÓGICAS.
Se tiene, por ejemplo, la Escala "L" de la mentira en el **MMPI**, la cual es una escala de control en dicho inventario de personalidad. También, en las **pruebas proyectivas**, el inconsciente aporta información a pesar de que el individuo intente falsear u ocultar.

EL PAPEL DE LAS EMOCIONES

Concretizando, las emociones son los indicios conductuales de los sentimientos, los cuales son éstos internos o mentales. Así, tratar de parecer enojado no es sencillo, pero si encima el sujeto que quiere parecerlo tiene miedo en realidad, se sentirá desgarrado por dentro: una serie de impulsos, provenientes de su temor, lo empujarán en una dirección, en tanto que su intento deliberado de parecer enojado lo empujará en la dirección opuesta. Las cejas, por ejemplo, se arquean involuntariamente cuando se siente miedo, pero sí en cambio lo que se desea es simular enojo, hay que fruncir el ceño. Con frecuencia son los signos de esta lucha interna entre lo que se siente de veras y la emoción falsa los que traicionan al mentiroso.

Pero, aunque la mentira puede no estar referida a una emoción, igualmente **las emociones** suelen participar en ella. Siempre es difícil distinguir el temor del inocente a que no le crean, del recelo del culpable a ser detectado. El polígrafo no detecta mentiras sino sólo señales emocionales. Sus cables le son aplicados al sospechoso a fin de medir los cambios en su respiración, sudor y presión arterial.

El más cuidadoso de los engañadores puede ser traicionado por lo que Sigmund Freud denomina un "**desliz verbal**". En su libro "*Psicopatología de la vida cotidiana*", mostró que los actos fallidos de la vida diaria-como los deslices verbales, el olvido de nombres propios conocidos, los errores en la lectura o en la escritura- no eran accidentales, sino que eran sucesos plenos de significado, que revelaban conflictos psicológicos internos. Las peroratas enardecidas son otra manera de traicionarse a través de las palabras. Una perorata enardecida difiere de un desliz verbal cuantitativamente: la torpeza abarca más de una o dos palabras. La información no se desliza, se vuelca como un torrente. El mentiroso se ve arrastrado por sus emociones, sin advertir sino mucho más tarde las consecuencias de lo que está revelando. A menudo, si hubiera permanecido en una actitud más fría no habría revelado esa información que lo perjudica; lo que lo impulsa a sacarla a la luz es la presión de una emoción avasalladora –furia, horror, terror, angustia-. Al mentir, las personas apelaban a respuestas indirectas, circunloquios, y daban más información que la solicitada. Pero otras investigaciones mostraron exactamente lo contrario: la mayoría de los mentirosos son demasiado sagaces como para dar respuestas evasivas o indirectas. También, se hacen movimientos nerviosos como pasarse la lengua por los labios, frotarse los ojos y rascarse una parte del cuerpo. Se puede fingir una expresión emocional pero no se sabe cómo hacerla comenzar, mantenerla el tiempo adecuado ni terminarla (en el rostro). (1)

LA VOZ
La vacilación al empezar a hablar, en particular cuando se debe responder a una pregunta, puede suscitar sospechas, así como otras pausas menores durante el discurso si son frecuentes. Otras pistas las dan ciertos errores que no llegan a formar palabras, como algunas interjecciones ("¡ah!", "¡oh!", "¡esteee!"), repeticiones ("yo, yo, yo quiero decir en realidad que..."), y palabras parciales ("En rea-realidad me gusta"). Quebrar el tono de la voz, toser y aclarar la garganta. Elevar el tono de la voz ante una pregunta que causa tensión.

El signo vocal de la emoción que está más documentado es el tono de voz. En un 70%, aproximadamente, de los sujetos estudiados, el tono se eleva cuando están bajo el influjo de una perturbación emocional. Probablemente esto sea más válido cuando dicha perturbación es un sentimiento de ira o de temor, ya que algunos datos, aunque no definitivos, muestran que el tono baja con la tristeza o el pesar. Y aún no han podido averiguar los científicos si el tono de la voz cambia o no en momentos de entusiasmo, angustia, repulsa o desdén. Otros signos de la emoción, no tan bien demostrados, pero sí prometedores, son la mayor velocidad y volumen de la voz cuando se siente ira o temor, y la menor velocidad y volumen cuando se siente tristeza. En el engaño, el tono se volvía más agudo, debido al temor de ser descubierto.

DESCRIPCIÓN DE INDICIOS DE POSIBLE MENTIRA, SEGÚN MOVIMIENTOS CORPORALES

Los **emblemas** tienen un significado preciso, conocido por todos dentro de un grupo cultural determinado. Durante un engaño, los emblemas normalmente aumentarán más que de costumbre. Los emblemas no son universales, sino que su significado cambia según la cultura. Un ejemplo de emblema es el leve encogimiento de hombros.

Las **ilustraciones** (o ademanes, por ejemplo, dibujar figuras en el aire, señalar e indicar la dirección o el tamaño de algo) normalmente serán empleadas menos que de costumbre durante un engaño. La primera razón es una falta de apego emocional a lo que se está diciendo: la gente ilustra menos que de costumbre sus palabras cuando se siente indiferente, aburrida, ajena a la cuestión o muy entristecida. El entusiasmo o el interés fingidos pueden traicionarse en la falta de un aumento de ilustraciones que acompañen las palabras. Las ilustraciones también reducen cuando el individuo tiene dificultad para decidir lo que va a decir. Si alguien sopesa con cuidado cada palabra antes de decirla, no la acompañará con muchas ilustraciones. Por último, el cazador de mentiras debe ser más prudente en la interpretación de las ilustraciones que de los deslices emblemáticos.

Las **manipulaciones** (con las manos) constituirían signos de incomodidad o molestia sólo en las situaciones más formales, cuando la gente que está con uno no le es muy conocida. De ahí que las manipulaciones no son signos válidos del engaño: pueden indicar los dos estados opuestos, la incomodidad y la relajación. Por otra parte, los mentirosos saben que deben suprimir sus manipulaciones, y la mayoría lo consigue casi siempre. Las manipulaciones presentan también el Riesgo de Brokaw (El cual se explica más adelante).

Otro aspecto corporal, **la postura**, ha sido estudiado por diversos investigadores, pero no han podido encontrar datos fehacientes de autodelación o de pistas sobre el embuste. Aunque no hay que dejar pasar de lado que cuando una persona se reacomoda en un asiento o hace un movimiento de incomodidad ante una pregunta, respuesta o comentario que causa tensión es probable que nos aporte información corporal relevante si se une a otros gestos conductuales.

EL PAPEL DEL SISTEMA NERVIOSO AUTÓNOMO (SNA)

También llamado sistema nervioso simpático, que regula las funciones vegetativas, da lugar a cambios notorios en el cuerpo cuando hay una activación emocional: en el ritmo respiratorio, en la frecuencia con que se traga saliva, en el sudor. (Los cambios producidos por el SNA que se registran en el rostro incluyen aspectos como el rubor, el empalidecimiento y la dilatación de las pupilas). Estas alteraciones se caracterizan por producirse involuntariamente cuando hay alguna emoción, ser muy difíciles de inhibir y, por esto mismo, muy confiables como indicios del engaño. Las personas son capaces de inhibir gran parte de sus signos faciales, en tanto que el funcionamiento del SNA está mucho menos sujeto a la propia censura. En un experimento relacionado por el equipo de Paul Ekman, se obtuvieron sólidas pruebas de que la actividad del SNA no es la misma para todas las emociones. Las alteraciones en el ritmo cardíaco, la temperatura de la piel, y el sudor (que son las tres únicas variables que medimos) no son Iguales. Por ejemplo, tanto cuando los actores reprodujeron los movimientos musculares del enojo como los del temor (y recuérdese que no se les había pedido mostrar esas emociones sino sólo efectuar las acciones musculares específicas) su ritmo cardíaco aumentó, pero el efecto sobre la temperatura de la piel no fue el mismo en ambos casos: su piel se calentó con el enojo y se enfrió con el temor.

Algunas de las alteraciones provocadas por el SNA son fácilmente falseables. Cuesta ocultar los signos emocionales presentes en la respiración o en el acto de tragar saliva, mientras que falsear esos mismos signos no exige un adiestramiento especial: basta respirar más agitadamente o tragar saliva más a menudo. El sudor es otra cuestión: cuesta tanto ocultarlo como falsearlo. Un mentiroso podría recurrir a la respiración y al acto de tragar saliva como medio de transmitir la falsa impresión de estar sintiendo una emoción negativa; sin embargo, una suposición es que pocos lo hacen.

También se pensaría que un mentiroso podría aumentar el número de sus manipulaciones para parecer incómodo o molesto, pero es probable que la mayoría de los mentirosos no se acuerden de esto. Precisamente la ausencia de estas manipulaciones, fácilmente ejecutables, puede traicionar la mentira que se esconde en la afirmación –convincente en todos los demás aspectos- de que uno siente miedo o congoja.

LA CARA
La cara es un sistema dual en el que aparecen expresiones elegidas deliberadamente y otras que surgen de forma espontánea, a veces sin que la persona se dé cuenta siquiera.

Las **microexpresiones** son expresiones emocionales que abarcan todo el rostro y duran apenas una fracción de lo que duraría la misma expresión en condiciones normales.

A veces, cuando emerge una expresión, parecería que la persona se da cuenta de lo que empieza a mostrar y la interrumpe, en ocasiones encubriéndola con otra. La sonrisa es la máscara encubridora más corriente. Puede ocurrir que la expresión abortada sea tan fugaz que resulte difícil captar el mensaje que se habría transmitido en caso de no interrumpirse. Y aún cuando este mensaje no quede en ella reflejado, el hecho mismo de abortar una expresión es un indicio notorio de que la persona oculta algún sentimiento. La expresión abortada suele durar más que la microexpresión, pero no es tan completa.

No todos los músculos que producen las expresiones faciales son igualmente fáciles e controlar: algunos son más fidedignos que otros. Los músculos fidedignos son aquellos de los que no puede hacerse uso para las expresiones falsas: el mentiroso no los tiene a su disposición, y como tampoco puede inhibirlos o abortarlos inmediatamente, le cuesta ocultar la acción de esos músculos al tratar de disimular una emoción real. Por ejemplo, los músculos característicos que se mueven involuntariamente cuando se experimentaba tristeza, dolor o pesadumbre (que las comisuras de los **labios** se muevan hacia abajo, la frente presente arrugas y las cejas estén alzadas en su ángulo interior) casi no es posible moverlos a voluntad porque el acompañamiento del movimiento del mentón delata la falsedad.

La **frente** es la sede principal de los movimientos musculares fidedignos.
También, los movimientos musculares fidedignos cuando existe temor, inquietud, aprensión y terror son que las cejas están levantadas y se aproximan entre sí, asimismo, el **párpado** superior sube y se pone tenso el inferior, marca típica del miedo. La elevación de las **cejas** también sirve como signo de interrogación o de exclamación, y como emblema de desconfianza y escepticismo, también es frecuente que se cierre el **entrecejo** en momentos de perplejidad o de concentración. Una de las mejores claves sobre la boca son los **labios** afinados, aunque ninguno de ellos chupe al otro ni estén forzosamente apretados, pero sí con una disminución de la zona roja visible.

OJOS

La **mirada** se aparta en una serie de emociones: baja con la tristeza, baja o mira a lo lejos con la vergüenza o la culpa, y mira a lo lejos con la repulsión. No obstante, es probable que un mentiroso, por culpable que se sienta, no aparte la vista demasiado, ya que los mentirosos saben perfectamente que todo el mundo confía en detectarlos de esta manera. Si bien un parpadeo más intenso y la dilatación de las pupilas indican que el individuo está movido emocionalmente, no revelan de qué emoción se trata. Pueden ser signos de excitación entusiasta, rabia o temor. Sólo son autodelatores válidos cuando la manifestación de una emoción cualquiera traslucíría que alguien miente, y el cazador de mentiras puede desechar la posibilidad de estar ante el temor de un inocente a ser juzgado erróneamente.

Las **lágrimas** también son producidas por el SNA, pero ellas sólo son signos de algunas emociones, no de todas. Se presentan cuando hay tristeza o desazón (si las cejas muestran también dichas emociones), alivio, ciertas formas de goce y risa incontrolada (aunque las lágrimas de risa no se filtrarán si la risa misma ha sido sofocada).

EL SNA provoca otros cambios visibles en el rostro: el rubor, el empalidecimiento y el sudor, todos los cuales son difíciles de ocultar.

El **rostro** se pone rojo de rabia o de turbación, es decir, ambos implican la dilatación de los vasos sanguíneos periféricos de la piel. La cara enrojece de ira sólo cuando ésta ha quedado fuera de control, o cuando el sujeto trata de controlar una rabia que está a punto de explotar. En tal caso, habitualmente habrá en el rostro o la voz otras pruebas de la ira, y el cazador de mentiras no tendrá que confiar en la coloración de la cara para discernir esta emoción. Si la ira está mal controlada, el rostro puede palidecer o ponerse blanco, como también ocurre cuando se siente miedo. El empalidecimiento puede aparecer incluso cuando la mímica de esta emoción ha sido perfectamente disimulada. Según la PNL, la cara oculta que nos da más información es la parte izquierda del rostro, la cual está gobernada por el hemisferio derecho.

Porque los **hemisferios cerebrales** gobiernan los movimientos faciales voluntarios pero no los involuntarios, que se generan en zonas inferiores, más primitivas del cerebro. Había asimetría cuando la expresión era voluntaria, deliberada, una pose. La asimetría era un indicio de que la expresión no era auténtica. Lo típico era que la acción fuera un poco más marcada en el lado izquierdo si la persona era diestra.

Un cazador de mentiras no debe confiar jamás en un solo indicio facial del engaño; los indicios faciales deben ser corroborados por los que proceden de las palabras, la voz y el resto del cuerpo. El tiempo incluye la duración total de una expresión facial, así como lo que tarda en aparecer (tiempo de arranque) y en desaparecer (tiempo de descarga). Los tres elementos mencionados pueden ofrecer pistas sobre el embuste.

Las expresiones de larga duración (sin duda las que se extienden por más de 10 segundos, y normalmente también si duran más de 5 segundos) son probablemente falsas. En su mayoría, las expresiones auténticas no duran tanto. Salvo que el individuo esté experimentando una experiencia culminante o de cumbre emocional, las expresiones emocionales genuinas no permanecen en el rostro por más de unos segundos. Ni siquiera en esos casos extremos las expresiones duran tanto; por el contrario, hay muchas expresiones que son más breves. Las largas suelen ser emblemas o expresiones fingidas.

Supongamos que alguien que quiere fingir que está furioso y grita "¡Ya me tienes harto con esa manera de comportarte!". Si la expresión de ira aparece en el rostro con posterioridad a las palabras, es más probable que sea falsa que si aparece en el mismo momento en que se lanza la exclamación, o incluso segundos antes. No hay tanto margen de maniobras, quizá, para situar la expresión facial respecto de los movimientos corporales. Imaginemos que junto con su manifestación verbal de estar harto, el mentiroso descarga un puñetazo sobre la mesa: será más probable que la expresión sea falsa si viene después del puñetazo. Las expresiones faciales no sincronizadas con los movimientos corporales son con mucha probabilidad pistas fehacientes.

LA SONRISA

En la sonrisa auténtica se contraen los músculos orbiculares de los párpados, que rodean cada ojo, formando las llamadas "patas de gallo". La sonrisa auténtica expresa todas las experiencias emocionales positivas (goce junto a otra persona, contento o felicidad, alivio, placer táctil, auditivo o visual, diversión, satisfacción), sólo con diferencias en la intensidad de la mímica y en el tiempo de duración. La diferencia fundamental entre la sonrisa de desdén y la sonrisa auténtica es la contracción de las comisuras de los labios. Las sonrisas falsas tratan de hacerle creer al otro de que se sienten cosas positivas, caracterizándose por ser más asimétricas que las auténticas; también, una sonrisa falsa no estará acompañada nunca de la acción de los músculos orbiculares de los párpados, no se alzarán las mejillas ni habrá hondonadas debajo de los ojos, ni patas de gallo, ni el leve descenso d las cejas que se presentan en la sonrisa auténtica leve a moderada. La falta de participación de las cejas es un indicio sutil pero decisivo para diferenciar las sonrisas auténticas de las sonrisas falsas cuando la mueca es pronunciada. El tiempo de desaparición de la sonrisa falsa parecerá notablemente inapropiado, es decir, puede esfumarse demasiado abruptamente, o tal vez de forma escalonada.

Usada como máscara, la sonrisa falsa no abarca más que movimientos en la parte inferior del rostro y en el párpado inferior. Los signos propios de una sonrisa falsa son la ausencia de todo movimiento en torno de los ojos y la presencia de signos de repulsión o disgusto profundo (fruncimiento de la nariz) o de desdén (contracción de las comisuras de los labios).

PRECAUCIONES QUE DEBEN TOMARSE AL INTERPRETAR LOS INDICIOS CONDUCTUALES DEL ENGAÑO

ERROR DE OTELO: Da origen a errores de incredulidad, en el que se incurre cuando se pasa por alto que una persona veraz puede presentar el aspecto de una persona mentirosa si está sometida a tensión. Un individuo sincero tal vez tema que no le crean, y ese temor puede confundirse con el recelo a ser detectado que es propio de un mentiroso. Hay sujetos con grandes sentimientos de culpa sin resolver acerca de otras cuestiones, que salen a la superficie toda vez que alguien sospecha que cometieron una falta; y estos sentimientos de culpa pueden confundirse con los que siente el mentiroso por el engaño en que está incurriendo. Por otra parte, los individuos sinceros quizá sientan desprecio por quienes los acusan falsamente, o entusiasmo frente al desafío que implica probar el error de sus acusadores, o placer anticipado por la venganza que se tomarán: y los signos de todos estos sentimientos pueden llegar a asemejarse al "deleite por embaucar" tan propio de algunos mentirosos.

RIESGO DE BROKAW: No tener en cuenta las diferencias individuales en la conducta emocional. Ya que se necesita saber si un probable signo de mentira (investigado) es o no una característica permanente en el individuo.
Los errores que se producen al detectar un engaño (y que parten del Riesgo de Brokaw) son: los Errores por incredulidad ante la verdad ("falsa alarma") y los Errores por credulidad ante la mentira ("extravío"); éstos últimos se producen a raíz de que ciertas personas, simplemente, no se equivocan nunca al mentir; y no me refiero únicamente a los psicópatas sino también a los mentiroso naturales, así como a quienes emplean la técnica teatral de Stanislavski o por algún otro medio logran creer en sus propias simulaciones o engaños.

El cazador de mentiras debe recordar que la ausencia de un signo de engaño no necesariamente es prueba de veracidad. La única manera de reducir los errores que obedecen al riesgo de Brokaw es basar la propia opinión en los cambios que presenta la conducta del sospechoso. El cazador de mentiras debe comparar el comportamiento habitual del sospechoso con el que muestra en el momento en que se sospecha de él. Es probable que se desanime en una primera entrevista ya que no tiene ningún criterio de comparación, no ha tenido oportunidad de observar un cambio en el comportamiento. No es difícil entonces que se cometan errores con los juicios absolutos, por ejemplo, "ella está realizando tantas manipulaciones con sus manos que debe sentirse molesta por algo que no quiere confesar". Los juicios relativos ("ella está realizando muchas más manipulaciones con sus manos que de costumbre, por lo tanto debe sentirse molesta") son el único modo de disminuir los errores de incredulidad provocados por las diferencias individuales de estilo expresivo. Los jugadores de póquer avezados lo saben muy bien, y memorizan los "datos" (indicios del engaño) peculiares de cada uno de sus oponentes regulares.

Si el cazador de mentiras no tiene más remedio que formular un juicio a partir de una única entrevista, ésta tendrá que ser lo bastante prolongada como para permitirle observar la conducta habitual del sospechoso. Por ejemplo, el cazador de mentiras intentará hablar un rato de temas que no provoquen ninguna tensión ni ansiedad. A veces le será imposible. Para un sujeto que teme que se sospeche de él, toda la entrevista puede resultar estresante. En tal caso, el cazador de mentiras estará atento a la posibilidad de cometer errores por el riesgo de Brokaw, al desconocer las peculiaridades de la conducta del sospechoso.

Menos vulnerable al riesgo de Brokaw es la interpretación de cuatro fuentes de autodelatación, a saber: los deslices verbales, las peroratas enardecidas, los deslices emblemáticos y las microexpresiones.

Es conveniente **prevenir sobre el riesgo de** utilizar los sistemas de análisis de forma aislada y se recomienda lo siguiente:

A.-Se deben analizar los riesgos y consecuencias de juzgar como mentirosa a una persona que es veraz y viceversa.

B.-La ausencia de todo signo de engaño no es sinónimo de veracidad, ya que hay personas que no se autodelatan jamás y otras que, pese a su inocencia, siempre tienen cargo de conciencia por lo que dicen.

C.-Autoexaminarnos sobre los prejuicios que tengamos hacia la persona que juzgamos, ya que podrían influir mucho en nuestra conclusión.

d.-Es muy importante saber si el mentiroso cree que se sospecha de él, porque sus engaños se harán mucho más sutiles.

OTRAS CONSIDERACIONES:

-Cuanto más sea lo que está en juego, mayor será el recelo a ser detectado.

-Las expresiones faciales ocupan el primer lugar en la clasificación de la conciencia. Las posturas generales del cuerpo, en cambio, pueden abrir algunas brechas, porque no somos totalmente conscientes de nuestro estado de rigidez, tensión o relajamiento. Por último, las piernas y los pies presentan un interés particular, porque son las partes del cuerpo de cuyas acciones tenemos menor conciencia, por lo que en éstas últimas se fuga información de la que el individuo no es consciente.

-Tomemos el caso de un hombre que sonríe amistosamente y al mismo tiempo aprieta los puños: con la cara dice "me siento feliz"; con las manos replica "estoy furioso". Para decidir entre estas dos posibilidades debemos creer más a los músculos más inferiores (en este caso, las manos). Si vemos un rostro que se esfuerza por reír sobre un cuerpo rígido y tenso, creeremos más en el cuerpo y no en el rostro.

-Desmond Morris ha establecido una escala de credibilidad de los distintos tipos de acción, estando formulada en orden de mayor a menor credibilidad:

1.-Señales automáticas (palidecer, ruborizarse, sudar).

2.-Señales de las piernas y de los pies.

3.-Señales del tronco.

4.-Gestos de las manos no identificados.

5.-Gestos de las manos identificados. 6.-Expresiones

faciales.

-La mejor máscara es una emoción falsa, no hay nada más difícil que mantenerse impávido y aparentar neutralidad, frialdad y falta de emotividad.

-Tocarse la boca con las manos para bloquear la salida de las palabras falsas.

-Otra señal de mentira es que los gestos no sean acordes con lo que se dice.

-Un mentiroso inventa una historia y la cuenta siempre igual hasta en sus más mínimos detalles, en cambio, una persona honesta comete por lo común pequeños errores, particularmente si debe relatar una historia larga y complicada.

-El deseo de aliviarse de la culpa tal vea la mueva a confesar su engaño, en tanto que el deseo de evitar la humillación de la vergüenza tal vez la lleve a no confesarlo jamás.

-Tanto la culpa como el temor y el deleite pueden evidenciarse en la expresión facial, la voz, los movimientos del cuerpo, por más que el mentiroso se afane en ocultarlo.

-Hay que averiguar si el sospechoso sabe o no que se sospecha de él, y conocer cuáles son las ventajas y desventajas que ambas situaciones presentan para la detección del engaño.

-No hay ningún signo de engaño en sí, ningún ademán o gesto, expresión facial o torsión muscular que en y por sí mismo signifique que la persona está mintiendo. Solo hay indicios de que su preparación para mentir ha sido deficiente, así como indicios de que ciertas emociones no se corresponden con el curso general de lo que dice. Estas son las autodelaciones y las pistas sobre el embuste.

-Lo curioso es que la mayoría de la gente presta mayor atención a las fuentes menos fidedignas (las palabras y las expresiones faciales), y por ende se ve fácilmente desorientada porque los mentirosos se esmeran en tener más control de dichas áreas. Es más fácil falsear las palabras que la expresión facial; y los mentirosos suelen vigilar menos su voz y el resto del cuerpo. A diferencia de lo que ocurre con el rostro o la voz, la mayoría de los movimientos del cuerpo no están conectados en forma directa con las regiones del cerebro ligadas a las emociones.

-Cuando es mucho lo que está en juego, cuando el precio que podría pagar el cazador de mentiras si el sospechoso miente es grande, aun las personas no celosas pueden apresurarse a formular un juicio erróneo. Los cazadores de mentiras deberían empeñarse en tomar conciencia de sus prejuicios respecto del sujeto de quien sospechan.

-No todos los individuos sienten temor, culpa, rabia, etc., cuando saben que se sospecha que han mentido o cometido una falta; dependerá en parte de su personalidad.

-El cazador de mentiras debe ser más prudente en la interpretación de las ilustraciones que de los deslices emblemáticos. Las primeras están afectadas por el Error de Otelo y el Riesgo de Brokaw; los segundos, no. Si un cazador de mentiras nota una disminución de las ilustraciones, lo lógico es que antes descarte cualquier otra razón (aparte de la mentira) por la cual un individuo puede querer escoger con cuidado sus palabras. Respecto de los deslices emblemáticos no hay tanta ambigüedad; el mensaje transmitido suele ser lo suficientemente diferenciado como para poder interpretarlo fácilmente.

Tampoco es necesario conocer de antemano al sospechoso para interpretar un desliz emblemático, ya que en y por sí misma la acción tiene sentido; en cambio, como los individuos varían enormemente entre sí en cuanto a su índice normal de ilustraciones empleadas, no puede emitirse juicio si no existe un patrón de comparación. Para interpretar las ilustraciones es menester tener cierto trato previo con los "ilustradores". Es difícil descubrir un engaño en un primer encuentro: los deslices emblemáticos ofrecen una de las pocas posibilidades que existen para ello.

INSTRUMENTOS A USAR CON POSIBLES ENGAÑADORES

TÉCNICA DE LO QUE CONOCE EL CULPABLE

Si la víctima revela francamente sus sospechas, se puede recurrir a la técnica de lo que conoce el culpable, creada por el especialista en psicología fisiológica David Lykken; en dicha técnica, el interrogador no le pregunta al sospechoso si cometió o no el crimen, sino que lo indaga acerca de ciertos que sólo el culpable puede conocer.

Así como un signo vocal de una emoción (por ejemplo, el tono de voz) no siempre señala una mentira, así también la ausencia de todo signo vocal de emoción no es prueba de veracidad. La técnica de lo que conoce el culpable suele dar lugar a más errores de credulidad que de incredulidad.

LA TÉCNICA DE LA PREGUNTA DE CONTROL

En esta técnica, al sospechoso no se le formulan únicamente preguntas relevantes con respecto al delito cometido ("¿Robó usted los 5 mil pesos?") sino además preguntas de control. La interrogación es en base a preguntas inducidas y afirmaciones inducidas. Gran parte de las controversias sobre esta técnica derivan de la falta d acuerdo sobre qué es lo que estas preguntas controlan exactamente, y cuál es su eficacia. La forma en que se le plantea la pregunta al sujeto, así como la conducta del examinador, están destinadas a ponerlo a la defensiva y a cohibirlo, de manera tal de que se sienta impulsado a responder "No". Este procedimiento apunta a crear la posibilidad de que un sujeto inocente experimente mayor preocupación sobre su veracidad al responder a las preguntas de control (las primeras) que al responder a las preguntas relevantes (las segundas). Un sujeto culpable, en cambio, sentirá mayor preocupación sobre sus respuestas engañosas a las preguntas relevantes, ya que son éstas las que representan una amenaza más seria e inmediata para él. Sin embargo, el inocente sabe que está respondiendo en forma veraz a las preguntas relevantes, y le inquieta más mostrarse equívoco o dubitativo en su veracidad al responder a las preguntas de control, en las cuales seguramente mentirá, lo cual es lo que quiere el interrogador, para más tarde comparar dicha reacción con la de las preguntas relevantes. Por último, esta técnica está sujeta a producir más errores de incredulidad que de credulidad.

ENTREVISTA ESTRUCTURADA DE SÍNTOMAS REPORTADOS

El método más común para identificar a clientes deshonestos es la entrevista clínica, evaluando si el consultante es inconsistente en su presentación de los síntomas y parece deseoso de estar enfermo, de modo que se concluya que está simulando.
Existen relativamente pocos enfoques objetivos para la evaluación de la simulación. Uno de estos es el detector de mentiras o polígrafo.
Algunos prefieren videograbar (con o sin consentimiento del entrevistado, dependiendo del lugar y del objetivo) las sesiones para detectar en observación detenida y repetida las señales no verbales y verbales que pudieran sugerir que el individuo mintió.

Otro de los instrumentos es la Structured Interview of Reported Syntoms, SIRS (Entrevista Estructurada de Síntomas Reportados), un inventario de entrevista con 172 reactivos diseñada de manera expresa para la valoración de la simulación (Rogers, Bagby y Dickens, 1992). El enfoque que se incorpora a la SIRS se basó en las estrategias identificadas en la literatura clínica como potencialmente útiles para detectar la simulación. Con el empleo de un método de entrevista estructurada, ésta se evalúa en ocho escalas principales: 1).-Síntomas raros (informe excesivo de síntomas poco frecuentes, por ejemplo, ¿En alguna ocasión ha sentido como si sus dientes pudieran captar señales de radio?), 2).-Combinaciones de síntomas (síntomas psiquiátricos reales que raramente ocurren juntos, por ejemplo, ¿Tiene fuertes dolores de cabeza al mismo tiempo que teme a los microbios?), 3).-Síntomas improbables o absurdos (los síntomas revelan una cualidad fantástica, por ejemplo, ¿Los muebles de la casa en donde vive parecen hacerse más grandes o más chicos de un día para otro?), 4).-Síntomas flagrantes (alusión excesiva a signos obvios de trastorno mental, por ejemplo, ¿Tiene graves problemas con pensamientos acerca del suicidio?), 5.-Síntomas sutiles (alusión excesiva a problemas cotidianos), 6).-Gravedad de los síntomas (los síntomas se expresan con una gravedad extrema, insoportable), 7).-Selectividad de los síntomas (alusión indiscriminada a problemas psiquiátricos), 8).-Síntomas informados contra observados (comparación de los síntomas observados e informados).

De las 172 preguntas, 32 son interrogaciones repetidas para detectar inconsistencia en las respuestas. Los resultados permiten la clasificación de las personas examinadas en las categorías de engaño definitivo, posible engaño y honestidad. (10)

EN EL AÑO 2019:

Vale la pena leer los excelentes libros de Joe Navarro, ex agente del FBI, quien ha investigado y practicado por décadas el lenguaje corporal para detectar mentirosos y para que las personas se conozcan más a sí mismas y se puedan comunicar de mejor manera con los otros en el trabajo, pareja o familia.

Para entrenarse en detectar mentirosos, es importante conocer y/o practicar profesiones donde se les encuentra en abundancia, por ejemplo, en Sistemas de Seguridad Pública y Privada, ventas, Psicología y Psicoterapias, entre otras.

CONCLUSIÓN

Para el manejo de los indicios de posibles mentiras aplicar lo que se crea oportuno y pertinente según la intuición y las estrategias psicoterapéuticas que se conozcan: confrontación, preguntas más específicas, no reforzar su respuesta, persuadir al paciente de que diga la verdad para que desarrolle una mejor psicoterapia, etcétera. Determinar el tipo de mentira, el tipo de destinatario y el tipo de mentiroso que tenemos como paciente para encuadrar los indicios de los patrones obtenidos. Las mentiras fallan por las siguientes razones: por el pensamiento mal planeado; porque es común que el mentiroso no sea tan sagaz como para anticipar todas las preguntas que pudieran hacérsele o para meditar sus respuestas; por no saber ocultar o fingir las emociones a través del lenguaje corporal; porque las personas no escogen deliberadamente el momento en que sentirán una emoción, por el contrario, lo común es que vivencien las emociones como algo que les sucede pasivamente y, en el caso de las emociones negativas, contra su voluntad. Las diferencias de nacionalidad y cultura pueden oscurecer la interpretación de los indicios no verbales.

Y recordar lo que ya se ha dicho a lo largo de este artículo: No basta un indicio para catalogar como mentiroso a alguien, lo mejor es recabar la máxima cantidad de indicios para suponer que el otro está mintiendo, y será sólo eso, una suposición.

ANEXO

CUADRO DE INDICIOS DE QUE UNA EXPRESIÓN ES FALSA (EKMAN, 1991).

EMOCIÓN FALSA ....INDICIO CONDUCTUAL

-Temor....................................Ausencia de una expresión fidedigna en la frente.

-Tristeza.................................Ausencia de una expresión fidedigna en la frente.

-Alegría.................................No participan los músculos orbiculares de los párpados.

-Entusiasmo o interés.............No aumenta la cantidad de ilustraciones, o es incorrecta
          su secuencia temporal.

-Emociones negativas............Ausencia de sudor, de alteraciones en el ritmo respiratorio
          de aumento en la cantidad de manipulaciones.

-Cualquier emoción...............Expresiones asimétricas, aparición demasiado abrupta,
          desaparición demasiado abrupta o entrecortada,
          sincronización incorrecta.

BIBLIOGRAFÍA

(1)   González Ramírez, José Francisco (1998) El Lenguaje Corporal. Claves de la Comunicación No Verbal. España: Edimat

(3) DSM-IV y V. Manual Estadístico de los Transtornos Mentales. (2015 y 1996) España: Masson   (4) McCaffrey, Roberto J. y Weber, Miriam. La Neuropsicología Forense de la Simulación. Conferencias de Neuropsychology Forense
http://www.uninet.edu/union99/congress/confs/for/04McCaffrey.html

(5) Davis, Flora (1989) La Comunicación No Verbal. México. Alianza

(6) Grinder, John y Bandler, Richard (1982) De Sapos a Príncipes. Chile: Cuatro Vientos

(7) Padrini, Francesco (1995) El Lenguaje Secreto del Cuerpo. Barcelona: De Vecchi

(8)   Brun, Jean (1998) Cómo Juzgar a los demás a Primera Vista. México: Océano

(9) Ekman, Paul (1991) Cómo Detectar Mentiras. México: Paidós

(10)   Gregory, Robert J. (2001) <u>Evaluación Psicológica. Historia, principios y aplicaciones</u>. México: Manual Moderno

3.- MI GUÍA DE ENTREVISTA-SESIÓN PSICOLÓGICA

Artículo publicado originalmente en mi Blog personal https://bernal27.blogspot.com/2015/05/la-entrevista-psicologica.html y actualizado en julio 2019.

Me han preguntado: "¿Cuál es tu clave para tratar a los presos más peligrosos?
Les respondo que tratarlos como seres humanos

Desde mayo de 2008 a la fecha he colaborado en la asesoría y capacitación a más de 25 estudiantes de Psicología que han realizado su Servicio Social, Prácticas Profesionales y/o suplencias en el Centro de Reinserción Social (cárcel) de Manzanillo, en el estado de Colima, México. Y de ese proceso me surge organizar y estructurar este artículo, que ya uso como base para los fines ya señalados.

Los elementos técnicos tomados en cuenta en esta *Guía de Entrevista* proceden principalmente de los enfoques y/o técnicas de Gestalt, PNL, Constelaciones Familiares, EMDR, Hipnosis Ericksoniana, Sistémica, Rogers y lo centrado en el cliente, entre otros.

La **ENTREVISTA** es: Una relación ENTRE dos personas que interaccionan y se ven (VISTA), con un objetivo determinado. Implicando:

-El arte de preguntar. -El arte de observar.   -El arte de escuchar.   -El arte de empatizar.

De lo cual se desprenden las técnicas y estrategias de:

☐ El arte de preguntar:

(Metamodelo de PNL; Modelo Milton; Preguntas abiertas-cerradas-inducidas; Flexibilidad, pertinencia y adaptación; Parafraseos; Preguntas sin enjuiciamientos; etc.).

Estudiar el perfil o datos de la persona que será entrevistada (De ser posible valerse de expedientes, consultas a otros especialistas, antecedentes, etc.).

Checar aspectos de medidas de prevención y seguridad del paciente. En cuanto a los inconvenientes o peligros que puedan surgir si aplicamos determinada actividad, experimento o técnica. Por ejemplo, una técnica de relajación / inducción hipnótica con el tema del mar será inconveniente si el paciente sufrió una experiencia traumática relacionada con que estuvo a punto de ahogarse en el mar. Otro ejemplo, si un paciente es claustrofóbico (miedo irracional a lugares cerrados) en él no será pertinente –o usar con mucha delicadeza- usar visualizaciones / experiencias en cines, temazcal, cerrar los ojos, habitación cerrada, etcétera. Con el fin de asegurar la mayor estabilidad emocional posible, el terapeuta deberá alentar a los pacientes a realizar los arreglos necesarios para la sesión en curso o para cuando ésta termine. Por ejemplo, muchos pacientes prefieren que (a) un ser amado los recoja después de la sesión, o (b) traigan consigo a la sesión un objeto especial –como un libro, un objeto religioso, un muñeco de peluche o un talismán- para que les proporcione una mayor sensación de seguridad. No se aconseja traer mascotas, ya que pueden ocasionar interrupciones en el procesamiento, en especial si sienten que el paciente está sufriendo. Generalmente, no conviene la presencia de otras personas durante la sesión de procesamiento debido a la posibilidad que el paciente se distraiga, que ocurra una ruptura terapéutica o que se presenten dinámicas que no ayuden al tratamiento.

Uso de recursos alternativos extra-psicológicos: Grafología, Numerología-cábala, Tarot, Astrología, etc.

Definir los objetivos del entrevistador sobre la Entrevista / Test que se aplicará.

ESCALADA O ASCENSO DE LA ENTREVISTA

La escalada se inicia en el campamento base, donde previamente se hicieron preparativos, motivaciones y objetivos, así como la revisión del equipo, del corazón y del cerebro, *mochilas* y herramientas necesarios para emprender la escalada.

-TOMA DE DATOS RELEVANTES (A veces ya se tienen en un expediente)

Origen y significado de apodo/sobrenombre impuesto o elegido. Religión/creencia que profesa. Lateralidad dominante. Sistema de representación preferente (PNL). Ubicación y simbología de tatuajes que tenga. Tipo de drogas que ha consumido

(¿Estimulantes o depresoras?). Relevancias en el embarazo de su madre, en el nacimiento y en lo postnatal. Orden de nacimiento. Síntomas o enfermedades relevantes. Hechos familiares importantes (para la psicogenealogía y efectos transgeneracionales).

-PLANTEAMIENTO DEL PROBLEMA:

1.-Se puede considerar que existen seis **clases de problemas** si tomamos en cuenta el **Nivel Lógico** en el que se plantea (Entorno, Conducta, Habilidades, Creencias, Identidad, y Espiritualidad).

2.-**Checar los Símbolos** que utiliza el paciente para describir su dificultad. Por ejemplo, "Le tengo miedo a mi papá, porque grita como si fuera un león". Los símbolos pueden, más adelante, utilizarse en otros sentidos, por ejemplo: "Todos los leones son de papel", o "El león cree que todos son de su condición", etc.

3.-**Sistemas de modalidades y submodalidades de representación involucradas en el problema**. Visual, auditiva, kinestésica, olfativa y gustativa. Internas y externas. Recordadas y construidas.

4.-En dónde está el **foco de atención del problema**: interno, externo, en combinación con las modalidades perceptuales. Ejemplos: "me duele mucho la cabeza" (interno y kinestésico); "veo con recelo el que mi esposa trabaje" (externo y visual).

5.-**Contexto del problema**. Se refiere al medio social y elementos que rodean al paciente en ese problema, ¿con quién se da? ¿cuándo empezó? ¿cuándo y dónde se suele presentar?
¿cómo se activa y qué lo refuerza?.

6.-**Indicador del grado de responsabilidad o participación del paciente ante el problema**. Checar si lo hace desde la primera persona, la segunda persona o la tercera persona, del singular o del plural. Ejemplos: "Yo le tengo miedo" (Primera persona, en singular); "Tú sabes, ante eso tú tienes miedo" (Segunda persona, en singular); "El hijo entonces tiene miedo obviamente" (Tercera persona, en singular); "Todos nosotros le tuvimos miedo al padre" (Primera persona, en plural).

-**Facilitar que el paciente defina su objetivo terapéutico:** Que lo plantee en términos positivos. Cuando una persona nos dice: "Ya no quiero ser tan agresivo", es exactamente eso lo que nos está manifestando, pero no nos dice qué es lo que sí desea. Es decir, que "el no ser tan agresivo" puede implicar una lista muy grande de posibles contrapartes, y que uno, como entrevistador o terapeuta, no conoce con exactitud. Por ejemplo, "no deseo ser tan agresivo", puede significar: "deseo ser amable", "deseo ser cortés", "deseo ser cariñoso", "deseo tratar mejor a mis hijos", "deseo realizar mejor mi trabajo", etcétera. El objetivo tendrá que ser susceptible de probarse para el paciente, teniendo éste una clara evidencia de cómo logrará el cambio deseado. Este cambio debe ser iniciado y controlado por la propia persona que acude a terapia, sobre todo si se trata de adultos. Porque un objetivo puesto en otras personas no constituye una condición bien formada. Cuando el problema es de interacción, el objetivo está en la pauta interaccional. Y cualquier interacción puede ser observada desde tres perspectivas cuando menos: el mapa de lo que Juan percibió al tumbar a Pedro (primera posición); el mapa de Pedro (segunda posición); y el mapa o pauta interaccional (tercera posición).

-Opción de Contrato terapéutico: Utilizando uno escrito o un compromiso oral definiendo claramente los derechos y obligaciones de ambas partes: terapeuta-entrevistado.

-Ensayo de alguna técnica para sensibilizar o catalizar la escalada. Por ejemplo, técnicas de respiración holotrópica, respiración rebirthing, posturas corporales bioenergéticas, etc.

-HABILIDADES A DESARROLLAR: Son los instrumentos a utilizar durante la escalada. Siendo los siguientes:

AUTODESCUBRIMIENTO: Darse cuenta de experiencias propias del entrevistador y tener la habilidad para saber la pertinencia de compartirlas o no con el entrevistado. Además de tomar conciencia si se "engancha" (*proyecta*) con alguna característica del entrevistado y que esto perjudique el desarrollo de la entrevista.

PROXIMIDAD: Capacidad de acompañar (física y empáticamente) al entrevistado a explorarse, propiciando una relación que le facilite el entendimiento de sí mismo. "Hay que estar *con* el paciente, no exactamente *como* el paciente". En la proximidad se incluye la pertinencia de saber acompañar al entrevistado en momentos de silencio, tensión, alegría, enojo, frustración, sorpresa, decepción, etc.

RAPPORT, SINTONÍA O ACOPLAMIENTO: Creación del clima de confianza con el entrevistado en la entrevista, a través de la igualación o sintonía de lo verbal (reflejando), paraverbal (reflejando) y no-verbal (espejeando) entre entrevistador-entrevistado. Usando como alternativas el Espejeo Cruzado (donde el entrevistador mueve o toca una parte del cuerpo, siendo esto del lateral opuesto a como lo hizo el entrevistado; o haciendo un movimiento o tocamiento similar al que realizó el entrevistado.

RASTREO: Consiste en repetir la información (digital-lógica y analógica) que nos da el entrevistado, tal cual nos lo dijo. Ejemplo: la persona nos platica algo y cuando se detiene, le repetimos lo mencionado manteniendo la secuencia, y utilizando sus palabras, gestos, ritmo, respiración, etcétera, de manera discreta. Al terminar de repetir su frase se le puede preguntar.

¿qué más? ¿hay algo más? ¿desea agregar algo?

CALIBRACIÓN: Es conocer en forma muy aproximada el estado emocional del entrevistado, "leyendo" sus señales no-verbales y paraverbales. Se puede calibrar la respiración (localización, velocidad, pausas, ritmo), los movimientos oculares (dilatación de pupila, humedad, parpadeo), postura corporal, tono muscular, coloración de piel, cualidades vocales (velocidad, volumen, timbre, tono, ritmo), movimientos faciales, gestos y ademanes, etcétera. En la calibración primeramente es el acoplar (rapport) y luego el liderar el cambio para guiarlo a otros estados emocionales, otras sensaciones, otras actitudes o simplemente desviarlo del estado inadecuado en que lo detectamos; y para esto podremos usar inducciones hipnóticas / experimentos Gestalt / cambios de cualidades en los aspectos calibrados.

METAMODELO PNL: Es un sistema que permite recuperar, desde la estructura profunda del cerebro, toda la información oculta faltante en la verbalización, en el habla, en el lenguaje, en lo que informa un individuo.

Conocer la disciplina del *metamodelo* del lenguaje, es una herramienta idónea para recuperar, al instante, la información perdida u oculta en el diálogo. Usos: *Para establecer e interrumpir rapport. Para modelar predicados. Para obtener información clara y específica acerca de un acontecimiento, opinión o situación. Para usar como filtro del propio diálogo interno. Para cambiar creencias. Para inducir trances hipnóticos.* El metamodelo consiste en doce patrones de habla (agrupados en generalizaciones, distorsiones y omisiones), la manera de reconocerlos, las ambigüedades que ocultan y la manera de aumentar o disminuir dicho grado de ambigüedad mediante preguntas o comentarios.

INTUICIÓN: Es el conocimiento que no sigue un camino racional para su construcción y formulación, y por lo tanto no puede explicarse ni verbalizarse. Suele presentarse más frecuentemente como reacciones emotivas repentinas a determinados sucesos o sensaciones que como pensamientos abstractos elaborados. En Constelaciones Familiares, Hellinger insiste en abrirse fenomenológicamente y en darle importancia a las sensaciones.

FACILITAR QUE EL PACIENTE ACLARE SU MOTIVO DE CONSULTA:

El entrevistador integra los datos (verbales, paraverbales y no-verbales) que el entrevistado da cuando intenta definir su motivo de consulta, el cual generalmente se presenta caótico, valores, identidad, etcétera.

-Uso de preguntas para obtención de información: La palabra *por qué* es válida que se use para obtener información general. Sin embargo, la pregunta *para qué* es para descubrir las *ganancias secundarias* del paciente, usándose principalmente en el proceso terapéutico.

USO DE MARCOS DE REFERENCIA ALTERNOS: Utilizando perspectivas diversas para analizar o buscar alternativas de solución de problemas presentados durante la entrevista o en el entrevistado. Por ejemplo, para clarificar ambigüedades se recomienda el uso del Metamodelo de PNL; planteamiento de resultados extremos (lo mejor o peor que pudiera pasar si...); uso de lo relativo de: el tiempo, las circunstancias, las personas, la cultura, la moda, etc.

USO DE PARAFRASEOS. Va más allá del reflejo verbal, en el sentido de que usamos parte del lenguaje del entrevistado para retroalimentarlo, comentarle o preguntarle algo, aunque también combinado con nuestras palabras.

-TRANSICIÓN A LA CIMA DE LA ENTREVISTA.

-No se llega por obra de la casualidad a la Cima sino que es consecuencia del proceso iniciado en la entrevista. Así como un alpinista no llega por casualidad a la cima de una montaña, sino que previamente hubo una preparación mental y física, planeación, entrenamiento y ejecución de acciones que lo llevaron a escalar y superar los obstáculos que se le iban presentando, hasta lograr llegar a la cima.
-

-Aquí en esta etapa es donde se usan diferentes técnicas o estrategias psicológicas y/o psicoterapéuticas del repertorio de cada entrevistador-facilitador.

-Tomando como base un artículo de la revista "*Salud Alternativa*" No. 94, escrito por los Doctores Pablo Solvey y Raquel C. Ferrazzano de Solvey(innovadores en Terapias de Avanzada)   y complementando con observaciones
mías las opciones de tratamiento psicoterapéutico se clasifican en los siguientes grupos, con la obviedad de que
existen terapias que pertenecerían a dos o tres de estos grupos, sin embargo, como un intento breve e ilustrativo
sería así:

Grupo A
Elemento clave: Energía

Estas terapias se orientan al estudio de cómo las emociones y otras energías se "imprimen"

en el cuerpo y causan efectos particulares como bloqueos, desequilibrios y disfunciones.
Ejemplos de Psicoterapias:
Bioenergética de Lowen. Orgonterapia de Reich. EFT (Técnica de Liberación Emocional).
TREE (Técnica de reactivación energético emocional). TAT (Tapas Accupressure Technique-
Tapas Fleming). Terapia de Chakras y meridianos.
Técnicas usadas: Posturas corporales, relajación, Respiración adecuada, asociación libre,
acupuntura A través de toques con los dedos, mapa de Chakras Y Meridianos de energía
chinos, desbloqueos a Través de presión en algún punto corporal.

Grupo B
Elemento clave: Ejercicio-Acción

Estas terapias se basan en la teoría de los hemisferios cerebrales, para la captación y
percepción de estímulos perturbadores que provocan disfunciones y desequili- brios en los
hemisferios.

   A) Técnicas de Integración Cerebral.
Ejemplos de Psicoterapias: TIC (Técnicas de integración Cerebral).Técnica de los Anteojos
Hemisféricos
Técnica de 1 ojo x vez. Holographic Reppaterning.
   B) Estimulación sensorial bilateral.
Ejemplos de Psicoterapias: EMDR.
   C) Programación Neurolingüística
Ejemplos de Psicoterapias: PNL.
Técnicas usadas: Estimulaciones bilaterales a través de sonidos, toques (*tapping*) con las
manos u objetos, movimientos de dedos u objetos, modificación de creencias, escalas
numéricas subjetivas, anclajes, etc.

Grupo C
Elementos claves: Imaginación, sugestión y Juego
Estas terapias utilizan la escenificación de conflictos, en grupo o ayuda de objetos, juguetes,
sillas, etcétera que desempeñarán diferentes roles o funciones, y en otros casos a través de
sugestiones en la mente del paciente se escenificarán y resolverán dichos conflictos.
Ejemplos de Psicoterapias:
Gestalt. Constelaciones Familiares. Psicodrama de Moreno. Terapia Primal. Hipnoterapia.
Rebirthing o Renacimiento. Logoterapia.
Técnicas usadas: Psicodramas, Silla vacía, Visualizaciones, Regresiones, modificación del
inconsciente.

Grupo D
Elementos claves: Cognición y Conducta
Estas terapias analizan las causas y efectos de las cogniciones y conductas de las personas
para entender y solucionar las distorsiones y conflictos en el pensamiento, aprendizaje o en
el comportamiento.
Ejemplos de Psicoterapias:
Racional-Emotiva de Ellis. Cognitiva de Beck. Conductismo. Análisis Transaccional.

Técnicas usadas: Programas de modificación de Conducta, modificación de creencias, interpretación verbal y conductual.

Grupo E
Elementos claves: Proyección, Conciencia e Inconsciencia

Estas terapias usan el lenguaje hablado y los símbolos que Usa el paciente para interpretar y buscar soluciones a los Problemas surgidos.
Ejemplos de Psicoterapias:
--Psicoanálisis.
-Psicodinamia de Jung, Lacan, etc.
Técnicas usadas: Asociación libre, Interpretación de Lo verbal, de sueños y de símbolos, técnicas Proyectivas a través de dibujos.

DESCENSO O BAJADA DE LA ENTREVISTA

Evitar las caídas bruscas. En la bajada hay que seguir manteniendo un manejo adecuado de la sesión. Los ciclistas y los alpinistas saben la importancia de no perder la concentración mientras bajan de la cima.

-Mantener acompañamiento, rapport y calibración.

-Resignificación del experimento. Preguntando al paciente ¿Para qué…? ¿De qué te das cuenta…? ¿Qué aprendes…? ¿Qué contigo…?

-Reestructurar y transformar lo vivido en el experimento, valiéndose de la alineación y jerarquía de los Niveles Lógicos.

-Chequeo del pasado, presente y futuro. ¿Acaso se han reprocesado todos los blancos necesarios para permitir que el paciente se sienta en paz con el pasado, que se sienta fuerte en el presente y pueda tomar decisiones en el futuro?

Una vez alcanzado el primer plano o nivel (Responsabilidad) y que el peligro se haya exteriorizado, la típica víctima de traumas generalmente pasa del estado de terror a uno de miedo. Deberá entonces inaugurarse el segundo nivel (Seguridad), que implica sentirse seguro en el presente, después de reconocer que el ataque sucedió hace mucho tiempo. Esto generalmente disipa el miedo y permite que el paciente exprese su enojo o su repugnancia por el atacante. Estas emociones deberán ser expresadas abiertamente en el consultorio antes de pasar a la etapa final (Decisiones), que evoca en el paciente un sentimiento de confianza, tranquilidad y bienestar al ser capaz de tomar decisiones adecuadas para el futuro, las cuales deben incorporar un locus de control interno.

-Colaborar con el paciente en preparar programas o experimentos a realizarse fuera de la sesión. Facilitar a que el paciente actúe con una nueva comprensión de sí mismo, explorando con él una amplia variedad de medios para involucrarse en un cambio constructivo de pensamiento y de conducta, dando apoyo y dirección a dichas acciones, tomando en cuenta aspectos ecológicos y de evaluación.

CIERRE DE LA ENTREVISTA

- **Conciencia del tiempo de sesión** y planear duración del cierre (Últimos 5, 7, 10 ó 15 minutos)
- NOTA: **En sesión grupal** considerar: *Ronda final / Aprendizaje significativo en la sesión / Tipo de Seguimiento / Posibilidad de Evaluación / Etcétera…*
- **Sutileza en la transición** de la etapa anterior al cierre.
- **Recapitulación hecha por el Entrevistador**, para mejor comprensión y para aclaraciones que haga el Entrevistado.
- **Que no quede abierto él ni un tema suyo** ~~importante~~ *aunque impertinente-* **abordado en la etapa de cierre**. *Centrar la mariposa* y comprometerlo a abordar nuevos temas en siguientes sesiones.
- **Expresar conclusiones constructivas**, y de haber algo inadecuado remarcarlo en las conductas de la persona y no en su forma de ser.
- **Prescripción de tareas** / actos terapéuticos a realizar en el exterior.
- **Encargo de material** necesario para siguiente sesión.
- **Sugerencias al paciente para sus próximos minutos u horas**

(medidas de seguridad, comprensión del estado emocional inmediato, relación a corto plazo con las personas cuyas figuras se abordaron en la sesión, etc.).

- **Definir próxima cita y/o finalización de nuestra intervención.**
- **Cobro.**
- **Despedida pertinente.**
- **Consideración de otros factores inesperados…**

DESPUÉS DE LA ENTREVISTA

- **Descontaminarse y recuperarse.**

(Relajación muscular, respiración, agua, sacudidas, centrarme en quién soy, etc., usando EFT, EMDR u otra técnica)

- **Prepararse para la siguiente actividad.**
  (Mojarse, relajarse, caminar, distraerse)
- **Evaluar lo adecuado y lo inadecuado con / sin retroalimentación**

Colegios privados.

Activo participante en algunas redes sociales: Twitter (_BERNAL27). Facebook (Juan Carlos Martínez Bernal). Youtube (BERNAL27). Hotmail
(BERNAL27000).

Escritor de multitud de artículos divulgativos sobre temas psicológicos y terapéuticos, en webs como www.Mundogestalt.com (2003-2009), y más de 115 posts en Blogger, de 2010 a la fecha (https://bernal27.blogspot.com).

Contacto con el autor:
https://www.bernal27.blogspot.com
bernal27000@hotmail.com

***Página del autor** en Amazon Estados Unidos (*Author Central*):
https://www.amazon.com/JUAN-CARLOS-MART%C3%8DNEZBERNAL/e/B07Y7271LJ

*Autor de otros **15** libros independientes publicados en Amazon:
"1000 TUITS DE BERNAL27", (julio 2019) https://www.azonlinks.com/B07VR3P22P

"EXÁMENES DE CONTROL Y CONFIANZA. VERDADES Y MENTIRAS", (julio 2019)
https://www.azonlinks.com/B07VSC8FQG

"65 POEMAS ERÓTICOS, AMOROSOS Y DE RUPTURAS", (julio 2019)
https://www.azonlinks.com/B07VT1VGTY

"SIN CUENTA EXPERIENCIAS TERAPÉUTICAS". (Primera edición: agosto de 2019)
Segunda edición. (febrero 2020). https://www.azonlinks.com/B084JGFFGR

"TÉCNICAS ENERGÉTICAS Y DE INTEGRACIÓN CEREBRAL",
Primera edición: agosto de 2019.
Segunda edición» (febrero 2020) https://www.azonlinks.com/B0848KNJKR

«OTRAS 50 EXPERIENCIAS TERAPÉUTICAS»,
 (Primera edición: septiembre 2019)
     (Segunda edición: mayo 2020) https://www.azonlinks.com/B088CRG2FX

"100 INVESTIGACIONES DE EMDR, EFT, CF, PNL Y MÁS", (noviembre 2019)
https://www.azonlinks.com/B0817LGBMF

«MÁS DE 100 ANÉCDOTAS DE BERNAL27», (noviembre 2019)
https://www.azonlinks.com/B081PSK3J4

«POEMAS INSPIRADOS Y ESPIRADOS», (diciembre 2019)
https://www.azonlinks.com/B082GL99XP

«100 SEMILLAS PARA TI, COLEGA PSICÓLOGO», (enero 2020)

https://www.azonlinks.com/B083QTBRTF

«COMENTANDO LECTURAS TERAPÉUTICAS», (enero 2020)
https://www.azonlinks.com/B084366T9S

"CREAR UN LIBRO ASOMBROSO. CÓMO LOGRÉ 6 ESTRELLAS". (abril 2020).
https://www.azonlinks.com/B086SBHFBZ

Fuente para más información:
https://bernal27.blogspot.com/search?q=mis+obras

*Nota: Mis Ebooks y Libros los puedes adquirir en las 17 tiendas online mundiales de Amazon y en sus 23 tiendas físicas repartidas en varios estados de Estados Unidos de América, incluyendo varias en California.